Martin Haberer

333
Gartenpflanzen

Die schönsten Gehölze, Stauden und Sommerblumen

140 Farbfotos
13 Zeichnungen

Inhalt

Vorwort 3

Gartengehölze von A-Z 4
Nadelgehölze 6
Laubgehölze 16

Stauden von A-Z 79
Die Lebensbereiche der Stauden 80
Artenporträts 86

Sommerblumen von A-Z 150

Literaturverzeichnis 186
Bildquellen 186
Register deutscher Pflanzennamen 187

Bibliografische Information der Deutschen Nationalbibliothek
Die Deutsche Bibliothek verzeichnet diese Publikation in der Deutschen Nationalbibliografie; detaillierte bibliografische Daten sind im Internet über http://dnb.d-nb.de abrufbar.

Das Werk einschließlich aller seiner Teile ist urheberrechtlich geschützt. Jede Verwertung außerhalb der engen Grenzen des Urheberrechtsgesetzes ist ohne Zustimmung des Verlages unzulässig und strafbar. Das gilt insbesondere für Vervielfältigungen, Übersetzungen, Mikroverfilmungen und die Einspeicherung und Verarbeitung in elektronischen Systemen.

© 2007 Eugen Ulmer KG
Wollgrasweg 41, 70599 Stuttgart (Hohenheim)
E-Mail: info@ulmer.de
Internet: www.ulmer.de
Umschlaggestaltung: red.sign, Stuttgart
Satz: Typomedia GmbH, Ostfildern
Reproduktion: BRK, Stuttgart
Herstellung: Silke Reuter
Druck und Bindung: Printer, Trento
Printed in Italy

ISBN 978-3-8001-5357-2

Vorwort

Es ist nicht einfach aus rund 850 Gartenpflanzen, wie sie im Großen Taschenatlas Gartenpflanzen enthalten sind, noch einmal eine Auswahl der schönsten Gehölze, Stauden und Sommerblumen für den Garten zu treffen.

Viele Gesichtspunkte spielten dabei eine Rolle. Neben Aussehen, Haltbarkeit und geringer Anfälligkeit gegenüber Schädlingen und Krankheiten, wurde auch auf die problemlose Verwendbarkeit in unseren unterschiedlichen Klimagebieten geachtet.

Jede Pflanze wird in einem Porträt mit Text und farbiger Abbildung dargestellt. Die stichwortartige Beschreibung gibt Auskunft über Herkunft, wichtige botanische Merkmale, die notwendigen Standortbedingungen und die Verwendung der Pflanze. Der Verweis auf ähnliche Arten und Sorten sowie nützliche gärtnerische Hinweise vervollständigen die Pflanzenporträts.

Dieser Band ist besonders für Gartenfreunde aller Art geeignet, welche in ihrem Garten weitgehend problemlose, aber besonders schöne Pflanzen besitzen möchten. Nicht zuletzt dient dieses Werk als Hilfe für den gärtnerischen Nachwuchs. Deshalb ist besonderer Wert auf die wissenschaftliche Nomenklatur und Familienzugehörigkeit gelegt worden. Recht herzlich danken möchte ich Herrn Roland Ulmer und seinen Mitarbeitern.

Nürtingen, im Juni 2006
Martin Haberer

Begriffe und Symbole

Die Gewächse in diesem Werk sind in alphabetischer Reihenfolge nach Gattungen und Arten geordnet.

In der gärtnerischen Praxis ist der Gebrauch der botanischen Namen üblich. Daneben sind auch die gebräuchlichen deutschen Namen aufgeführt. Die Familienzugehörigkeit ist jeweils angegeben. Für die wichtigen Aspekte der Unterscheidungsmerkmale wurde eine Anzahl von besonderen Zeichen entwickelt, die in einem speziellen Datenblock zusammengefasst wurden.

Abkürzungen
Weitere in diesem Buch verwendete Abkürzungen und Zeichen:
subsp.: *Subspecies* = Unterart mit von der Art abweichenden Merkmalen
var.: *Varietät* = Varietät mit abweichenden Merkmalen
Syn: *Synonym* = überholter Nebenname
×: Kreuzung zweier, nah verwandter Gattungen oder Arten

Gehölze

 Höhe/Breite in Metern

 Blatt- bzw. Nadellänge/Breite in cm

 Immergrüne Nadeln oder Blätter

 Wintergrüne Nadeln oder Blätter

 Sommergrüne Nadeln oder Blätter

 Blütezeit (Monate in römischen Ziffern)

 Nadelanzahl pro Kurztrieb

 Winterschutz erforderlich

 Giftige Pflanze

Stauden

 Wuchs-/Blütenhöhe zur Blütezeit in cm

 Blütezeit (Monate in römischen Ziffern)

 Wichtige Pflanzeneigenschaften:

   S   Wichtige Schnittpflanze
   D   Bienenweide
   Li   Liebhaberstaude
   ***   Ausgezeichnete Beetstaude
   **   Vorzügliche Beetstaude
   *   Wertvolle Beetstaude
   w   Wertvolle Wildstaude
   <u>w</u>   Besonders wertvolle Wildstaude

 Winterschutz erforderlich

 Giftige Pflanze

 Geselligkeit

 Stückzahl pro Quadratmeter

Die Geselligkeit nach HANSEN und MÜSSEL beschreibt die Art der Pflanzung. Die römischen Ziffern geben eine Empfehlung darüber ab, ob eine Stauden-Art in kleinen Tuffs oder eher flächig verwendet werden sollte. Es werden folgende Geselligkeitsstufen unterschieden.

I. in kleinen Tuffs
II. in kleinen Tuffs von 3 bis 10 Pflanzen
III. in größeren Gruppen von 10 bis 20 Pflanzen
IV. in größeren Kolonien, ausgesprochen flächig
V. vorwiegend flächig

Wird gegen die Empfehlungen der Geselligkeitsstufen doch eine flächige Pflanzung angestrebt, so kann unter dem Stichwort **Pflanzen je Quadratmeter** die Stückzahl pro Quadratmeter ermittelt werden. Oft sind die Stückzahlangaben weit gefasst. Die niedrigere Zahl gibt dabei den Pflanzenbedarf an, wenn eine langlebige Pflanzung geplant ist. Der höhere Wert beschreibt den Pflanzenbedarf für eine sich schnell schließende Bodendecke. Bereits nach einem Jahr soll diese Pflanzung den Boden vollständig beschatten. Aus der Stückzahlangabe lässt sich auch der Pflanzabstand ermitteln.

Beet- und Balkonpflanzen

 Giftpflanze
 Lebensform
 Blütezeit
 optimale Lichtverhältnisse
    Sonne
    Schatten
    Halbschatten
    absonnig
 Angaben zur Überwinterung
    Reisigschutz
    Alpinhaus
    Überwinterungsraum
    Kalthaus
    temperiertes Haus/temperiert
    Warmhaus
 Verwendungszweck

In den Pflanzenbeschreibungen werden in einigen Fällen symbolerläuternde Begriffe in Klammern gestellt. Diese Hinweise beschreiben das Verhalten am Naturstandort.

Erläuterung wichtiger Begriffe

Erde
Einheitserde: Erdmischung aus Hochmoortorf und krümelstabilem Ton mit Düngerzusatz.
EE -P: Pikiererde mit geringem Nährstoffgehalt zur Anzucht.
EE -T: Topferde mit höherem Nährstoffgehalt zur Weiterkultur.
EE -ED 73: Erdmischung mit Langzeitdünger, z.B. für Dachgärten und Container.

TKS = Torfkultursubstrat: Mischung aus strukturstabilem Hochmoortorf und Düngerzusatz.
TKS 1: Anzuchterde mit geringen Nährstoffanteilen.
TKS 2: Topferde für die Weiterkultur mit höherem Nährstoffanteil.

Blüten
Radiäre Blüten, auch polysymmetrisch, haben eine gleichmäßig geformte Blüte. Diese lässt sich durch mehrere Symmetrieachsen spiegelbildlich betrachten.
Zygomorphe Blüten, auch monosymmetrisch oder dorsiventral, haben eine Blüte, die sich nur durch eine einzige Achse spiegelbildlich betrachten lässt.
Disymmetrische Blüten besitzen zwei im rechten Winkel stehende Symmetrieachsen. Typisch sind die Blüten der Kreuzblütler (Brassicaceae, früher Cruciferae).

Gewächshaus
Die verschiedenen Begriffe eines Gewächshauses können wie folgt erläutert werden:
Alpinhaus: Pflanzen sind nur vor Nässe geschützt. Es ist unbeheizt, es herrschen die gleichen Temperaturen wie im Freien. Die Seitenfenster sind immer geöffnet.

Überwinterungsraum: Beheiztes Haus oder Raum zur frostfreien Überwinterung, mindestens 5–10 °C; für manche Arten sind auch dunkle Kellerräume geeignet. (Zwiebel-, Knollen- und Rhizompflanzen).

Kalthaus: 10–14 °C, meist hell und luftig (die meisten Kübelpflanzen).

Temperiertes Haus: 14–18 °C, mäßig warm, hell (subtropische Gewächse).

Warmhaus: 18–24 °C, warm, für tropische Gewächse.

Gartengehölze
von A bis Z

Nadelgehölze

Abies koreana
Koreanische Tanne, Korea-Tanne
Pinaceae, Kieferngewächse

Heimat: Korea.
Wuchs: Schwach, pyramidenförmig. Borke grau, rau.
Blatt: Nadeln dunkelgrün, bürstenförmig angeordnet, 1–2 cm lang.
Blüte: Einhäusig. Unscheinbar, ♂ gelb, ♀ violett; IV–V.
Frucht: Viele aufrechte Zapfen, in der Jugend violett, 5–7 cm.
Standort: Halbschatten, humose, saure Böden.
Verwendung: Einzelstellung, für kleinere Gärten.
Sorten: 'Horstmanns Silberlocke', unterseits silbrige Nadeln.
Sonstiges: Als Veredlung schwächer wachsend, trägt aber früher Zapfen.

Chamaecyparis lawsoniana
Lawsons Scheinzypresse
Cupressaceae, Zypressengewächse

Heimat: Westliche USA.
Wuchs: Schmal kegelförmiger Baum, Spitzen überhängend. Borke violettbraun, Stamm glatt. Äste abstehend.
Blatt: Schuppenförmig, dachziegelartig überlappend.
Blüte: Einhäusig. Männliche Blüten karminrot, weibliche Blüten unscheinbar, IV.
Frucht: Kugelige Zäpfchen, bis 1 cm dick, braun.
Standort: Humusreiche Böden im Halbschatten.
Verwendung: Einzelstellung, Hecke (auch geschnitten), für Gärten und Parks.
Sorten: 'Alumii', dichte, blaugrüne Säule, 8–10 m. 'Lane', kegelförmig, gelb, 5–6 m.
Sonstiges: Für nicht zu trockene Standorte.

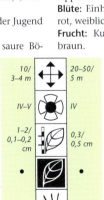

Chamaecyparis nootkatensis
Nutka-Scheinzypresse
Cupressaceae, Zypressengewächse

Heimat: Westliches Nordamerika von Alaska bis Kalifornien.
Wuchs: Hoher, kegelförmiger Baum. Zweige hängend. Borke braungrau, löst sich in dünnen Platten ab.
Blatt: Schuppenförmig, stachelspitzig, blaugrün, Duft unangenehm.
Blüte: Einhäusig, männliche Blüten gelb, weibliche Blüten bläulich, IV–V.
Frucht: Kugeliges Zäpfchen mit Höckern, 1 cm.
Standort: Luftfeuchte Standorte in humosen Böden und halbschattiger Lage.
Verwendung: Einzelstand in Parkanlagen, auch für Hecken.
Sorten: 'Pendula', besonders auffällige Sorte mit hängendem Wuchs (Bild).

Ginkgo biloba
Ginkgo, Silberaprikose
Ginkgoaceae, Ginkgogewächse

Heimat: Südost-China.
Wuchs: Sommergrüner Baum mit breit aufrechter Krone, auffällige Kurztriebe. Borke grau, längsrissig und furcht.
Blatt: Fächerförmig mit parallelen Adern, oft in der Mitte gespalten, Herbstfärbung gelb.
Blüte: Zweihäusig, männliche Blüten kätzchenförmig, 5 cm, gelblich; weibliche Blüten unscheinbar; IV. In Büscheln an den Kurztrieben.
Frucht: Grün, später gelb, saftig fleischig, 2 cm, Duft nach Buttersäure, Kern verholzt.
Standort: Sonnig bis halbschattig, normale Gartenböden.
Verwendung: Guter Straßenbaum, nur männliche Exemplare verwenden, Parks, Gärten.
Sorten: 'Pendula', Hängeform.
Sonstiges: Der Ginkgo ist ein prähistorisches Relikt. Dieser Nacktsamer ist viel älter als die Koniferen.

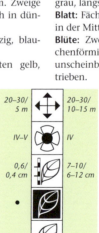

Juniperus chinensis
Chinesischer Wacholder
Cupressaceae, Zypressengewächse

Heimat: Japan, China, Mongolei.
Wuchs: Kegelförmiger Wuchs. Äste aufsteigend bis waagerecht. Borke graubraun, längsrissig.
Blatt: Schuppen- und Nadelblätter, blaugrün.
Blüte: Unscheinbar, meist zweihäusig, männliche Blüten gelblich; III.
Frucht: Blau bereifter Beerenzapfen, 0,5 cm groß.
Standort: Sonnig, trocken, in durchlässigen Gartenböden.
Verwendung: Stadtklimafest, für Haus-, Heide- und Steingärten.
Sorten: 'Blaauw', trichterförmiger Wuchs, bis 2,5 m, graugrün (Bild). 'Hetzii', breit und blau, 4 m. 'Old Gold', bronzegelb, 1,2 m hoch, 3 m breit.
Sonstiges: Viele verschiedene Wuchsformen und Farben.

Juniperus communis
Gewöhnlicher Wacholder
Cupressaceae, Zypressengewächse

Heimat: Europa, Asien, Amerika und Nordafrika.
Wuchs: Vielgestaltiger Strauch oder Baum. Borke rötlich braun, längsstreifig, dünn.
Blatt: Stechende Nadeln grauweiß, bis 2 cm.
Blüte: Zweihäusig, unscheinbar gelblich, IV.
Frucht: Schwarzblau bereifte Beerenzapfen, 0,6 cm, reift im 2. oder 3. Jahr.
Standort: Sonnige, trockene, aber magere Böden. Kommt auf Kalk und im Moor vor.
Verwendung: Für Heide- und Steingärten in sonnigen Lagen.
Weitere Sorten und Arten: 'Hibernica', Irischer Säulen-Wacholder, schmale Säulenform, 5 m. *J. communis* subsp. *alpina*, Zwerg-Wacholder mit niederliegendem Wuchs, heimisch. *J. sabina* kriechender bis aufrechter Wuchs; zur Flächenbefestigung; heimisch; giftig!
Sonstiges: Anspruchslos, Früchte verwertbar.

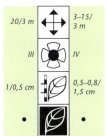

Juniperus horizontalis
Kriech-Wacholder
Cupressaceae, Zypressengewächse

Heimat: Nordamerika bis Alaska.
Wuchs: Niederliegend, teppichbildender, weithin kriechender Strauch. Zahlreiche, kurze Triebe. Borke graubraun.
Blatt: Schuppig, nicht stechend, blaugrün.
Blüte: Zweihäusig, unscheinbar, gelblich; IV.
Frucht: Blau bereifter Beerenzapfen, 0,5 cm.
Standort: Humose, durchlässige Böden in sonniger Lage.
Verwendung: Wichtiger Flächenbegrüner für Böschungen, Mauerkronen, Gräber.
Sorten: 'Glauca', wertvollste Sorte mit stahlblauer Färbung (Bild).
Sonstiges: Anspruchslos.

Microbiota decussata
Zwerglebensbaum
Cupressaceae, Zypressengewächse

Heimat: Südostsibirien.
Wuchs: Niederliegender, dicht verzweigter Strauch.
Blatt: Schuppenförmig, 2–5 mm lang, gelbgrün, im Winter bronzerot.
Blüte: Einhäusig, unscheinbar, gelblich.
Frucht: Zäpfchen endständig, kugelig bis 6 mm dick, enthält nur 1 Samen.
Standort: Durchlässige, humose Böden in Sonne und Schatten.
Verwendung: Größere Steingärten, Böschungen, auch für Tröge.
Sonstiges: Braucht viel Platz.

	Juniperus horizontalis	Microbiota decussata
Höhe/Breite	0,3 / 1,5–2 m	0,3–0,6 / 1,5 m
Blüte	IV	V
Frucht	0,5 / 0,5 cm	0,5 / 0,3 cm

Picea abies 'Nidiformis'
Nest-Fichte
Pinaceae, Kieferngewächse

Heimat: Züchtung, um 1904 bei Hamburg entdeckt.
Wuchs: Halbkugelig, abgeflacht, in der Mitte eingesenkt. Es wird kein Mitteltrieb gebildet, die Äste stehen schräg nach außen.
Blatt: Nadeln hellgrün, 7–10 mm lang, gescheitelt an hellbraunen Trieben.
Blüte: Einhäusig, männliche Blüten gelb; weibliche Blüten zapfenförmig, rot; IV–V.
Standort: Frische, humose Gartenböden in voller Sonne.
Verwendung: Einzeln für Steingärten, Gräber, Tröge.
Sorten: Noch kleiner werden 'Little Gem', 40 cm. 'Echiniformis', Igel-Fichte, 30 cm; besticht durch runde, geschlossene, unregelmäßig wachsende Form.

Picea glauca 'Conica'
Zuckerhut-Fichte
Pinaceae, Kieferngewächse

Heimat: Die Weiß-Fichte, *Picea glauca*, stammt aus dem östlichen Nordamerika. 1904 wurde an einer Pflanze als Mutation die Zuckerhut-Fichte entdeckt.
Wuchs: Streng kegelförmig, bis 4 m Höhe.
Blatt: Nadeln hellgrün, weich, 1 cm.
Blüte: Einhäusig, männliche Blüten gelb; weibliche Blüten zapfenförmig, rot; IV–V.
Standort: Durchlässige, humose Böden in sonigen Lagen.
Verwendung: Einzeln oder in Gruppen in Gärten und Parks.
Sorten: 'Echiniformis', Kissen-Fichte, 50 cm. 'Laurin', Zwergzuckerhut, 60 cm.
Sonstiges: Auf Spinnmilben achten.

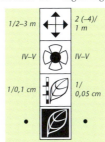

1/2–3 m	2 (–4)/ 1 m
IV–V	IV–V
1/0,1 cm	1/ 0,05 cm

Picea omorika
Serbische Fichte
Pinaceae, Kieferngewächse

Heimat: Jugoslawien, im Tara-Gebirge des Drina-Gebietes.
Wuchs: Schmale, kegelförmige Krone. Kulturpflanzen werden breiter. Borke dunkelbraun, Äste kurz, fast waagerecht gebogen.
Blatt: Nadeln dunkelgrün, unterseits blauweiß, 2 cm lang.
Blüte: Einhäusig, männliche Blüten gelb; weibliche Blüten zapfenförmig, rot; V.
Frucht: Zapfen 5–6 cm lang, 1 cm dick.
Standort: Tiefgründige, durchlässige und mineralreiche Böden. Sonnige Lage.
Verwendung: Einzeln, Gruppen oder Hecken, sogar für Schnitthecken geeignet.
Sorten: 'Nana' bis 3 m hoch, dichter.
Sonstiges: Keine Staunässe, wird dann braun und stirbt ab. Abhilfe durch Dränage und magnesiumhaltige Düngergaben.

Picea pungens
Blau-Fichte, Stech-Fichte
Pinaceae, Kieferngewächse

Heimat: Mittlerer Westen der USA.
Wuchs: Breit kegelförmige Krone; dichte, waagerecht ausgebreitete Äste; bis 50 m. Borke braun, dick, rauschuppig.
Blatt: Nadeln spitz, mattgrün bis silbergrau.
Blüte: Einhäusig, männliche Blüten rötlich, weibliche Blüten grün; IV–V.
Frucht: Zapfen hellbraun, 7–11 cm lang, mit Harztropfen, Zapfenschuppen gewellt.
Standort: Normaler Gartenboden, auch in trockenen Lagen, sonnig.
Verwendung: Einzelstand, besonders die blauen Gartensorten.
Sorten: 'Glauca', Sämling. 'Koster', veredelte Blau-Fichte, silberblau (Bild).
Sonstiges: Veredelte Pflanzen müssen in der Baumschule aufgebunden werden; auf Sitkalaus-Befall achten.

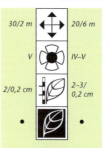

30/2 m 20/6 m
V IV–V
2/0,2 m 2–3/ 0,2 cm

Pinus aristata
Grannen-Kiefer
Pinaceae, Kieferngewächse

Heimat: USA, südliche Rocky Mountains.
Wuchs: Aufrechter Baum bis 15 m, bei uns mehr buschig wachsend. Borke rostbraun, im Alter gefurcht.
Blatt: Nadeln zu 5, dunkelgrün mit weißen Harzflocken.
Blüte: Einhäusig, männliche Blüten gelb; weibliche Blüten rot, auffällig; V–VI.
Frucht: Zapfen zylindrisch, 6–8 cm, braungrau, Schuppen mit grannenförmigem Dorn.
Standort: Vollsonnige und trockene Lagen, in der Natur in den Bergen vorkommend.
Verwendung: Einzelstand in Gärten und Parks, auch für Kübel geeignet.
Sonstiges: Nahe verwandt mit *P. longaeva* von den White Mountains, wo über 4000 Jahre alte Exemplare vorkommen. Hat keine Harzflocken.

Pinus mugo
Krummholz-Kiefer, Berg-Kiefer, Latsche
Pinaceae, Kieferngewächse

Heimat: Kalkalpen bis zum Balkan, Apennin.
Wuchs: Niederliegend, Äste knieförmig gebogen, aufstrebend. Borke graubraun, rau.
Blatt: Nadeln zu 2, sichelförmig gebogen, oft waagerecht abstehend, grün.
Blüte: Einhäusig, männliche Blüten gelb, auffällig; weibliche Blüten grünrot; IV.
Frucht: Zapfen kegelförmig, braun, hängend oder abstehend, 3–7 cm lang.
Standort: Kalkgebiete in sonnigen und halbschattigen Lagen.
Verwendung: Gärten und Parkanlagen, hoher Platzbedarf. Weniger Platz brauchen: *P. mugo* subsp. *mugo*, Ostalpen, nur 2–3 m. *P. m.* subsp. *pumilio*, nur 150 cm.
Sorten: 'Mops', 100 cm. 'Gnom', 1,50 m. Für Heide-, Stein und Dachgärten, Gräber. Hecken.

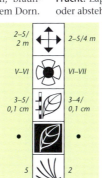

2–5/ 2 m	2–5/4 m
V–VI	VI–VII
3–5/ 0,1 cm	3–4/ 0,1 cm
•	•
5	2

Pinus parviflora
Mädchen-Kiefer
Pinaceae, Kieferngewächse

Heimat: Japan.
Wuchs: Hoher Baum, erst kegelförmig, später ausladend. Borke schwarzgrau, kleinschuppig.
Blatt: Nadeln zu 5, bläulich grün, gekrümmt, an den Zweigenden gehäuft, 5–7 cm.
Blüte: Einhäusig, männliche Blüten purpurn, weibliche Blüten rötlich; V.
Frucht: Waagerecht abstehend, eiförmig, 5–10 cm lang, braunrot.
Standort: Sonnige Lagen in humosen Böden.
Verwendung: Einzelstand in Parks. Für Gärten eher die Sorten geeignet.
Sorten: 'Glauca', 5–9 m, blauweiße, gebogene Nadeln, wichtigste Form (Bild).
Sonstiges: Nadeln vergilben bei stark alkalischen Böden.

Pinus pumila
Ostasiatische Zwerg-Kiefer
Pinaceae, Kieferngewächse

Heimat: Sibirien bis Japan.
Wuchs: Strauchförmig, niederliegend, die Enden aufstrebend. Vieltriebig. Borke graubraun.
Blatt: Nadeln zu 5, dunkel blaugrün, 5–10 cm lang.
Blüte: Einhäusig, männliche Blüten rot, sehr auffällig; IV–V.
Frucht: Junge Zapfen purpur, später dunkelbraun, 4 cm.
Standort: Sonnig, auf sauren, durchlässigen Böden (in den Bergen bis zur Schneegrenze).
Verwendung: Für Gärten und Parks, Steingärten.
Sorten: 'Glauca', Blaue Kriech-Kiefer, 1,50 m, blaugraue Nadeln, wichtigste Sorte.
Sonstiges: Schöner Kontrast zur Blütezeit, Kostbarkeit.

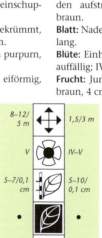

Taxus × media
Becher-Eibe
Taxaceae, Eibengewächse

Thuja occidentalis
Abendländischer Lebensbaum
Cupressaceae, Zypressengewächse

Heimat: Kreuzung zwischen *T. baccata* × *T. cuspidata*.
Wuchs: Breit säulenförmig, oben oft breiter als an der Basis. Borke rotbraun.
Blatt: Nadeln 2,5–3 cm lang, dunkelgrün, senkrecht vom Trieb abstehend.
Blüte: Zweihäusig, unscheinbar; III.
Frucht: Grüne Samen sind von rotem Arillus umgeben, 1 cm groß.
Standort: Durchlässige, humose Böden im Halbschatten.
Verwendung: Für Schnitthecken geeignet, sonst einzeln oder in Gruppen in Gärten.
Sorten: 'Hicksii', wichtigste Sorte, reich fruchtend. 'Strait Hedge', Schnitthecke.
Sonstiges: Alle Teile mit Ausnahme des Arillus sind giftig!

Heimat: Nordamerika.
Wuchs: Baum mit kegelförmiger Krone, Gipfeltriebe immer aufrecht stehend. Borke braunrot, längsrissig, löst sich in dünnen Streifen ab.
Blatt: Schuppenblätter mattgrün, im Winter bräunlich, Duft aromatisch.
Blüte: Einhäusig, Blüten unscheinbar; IV–V.
Frucht: Längliche Zapfenfrüchte, 8–12 mm lang, hellbraun.
Standort: Nährstoffreiche, auch feuchtere Plätze in voller Sonne und Schatten.
Verwendung: Hohe Schnitthecken, Einzelstellung in Gärten und Parks. Nicht für Kinderspielplätze, da ganze Pflanze giftig!
Sorten: 'Smaragd', frischgrün und säulenförmig, ideale Heckenpflanze.
Sonstiges: Auf Pilzkrankheiten achten.

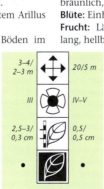

Laubgehölze

Acer japonicum
Japanischer Ahorn
Aceraceae, Ahorngewächse

Heimat: Bergwälder Japans.
Wuchs: Breiter Großstrauch.
Blatt: Hellgrün, fiederschnittig mit 7–11 Lappen, 10–15 cm lang, rotes Herbstlaub.
Blüte: Rotgelb, wenig auffällig; V.
Frucht: Geflügelt und behaart. Spaltfrucht.
Standort: Humose, kalkarme Böden im Halbschatten.
Verwendung: Einzelstellung für Vorgärten und an Terrassen.
Sorten: 'Aconitifolium', leuchtend rotes Herbstlaub (Bild). 'Aureum', gelbe, im Herbst orangefarbene Blätter, empfindlich.
Sonstiges: Geschützte Lagen.

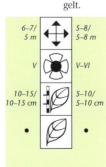

Acer palmatum
Fächer-Ahorn
Aceraceae, Ahorngewächse

Heimat: Japan und Korea.
Wuchs: Breitbuschig, bei uns 5–8 m hoch, viele Sorten nur bis 2 m.
Blatt: Fächerförmig, grün, 5- bis 11-lappig, tief eingeschnitten, 5–10 cm breit. Im Herbst leuchtend rote Färbung.
Blüte: Traube, unscheinbar, rot und weiß; V–VI.
Frucht: Spaltfrucht, 1–2 cm lang, braun, geflügelt.
Standort: Tiefgründige, humose Gartenböden, leichter Schatten.
Verwendung: Unbedingt einzeln pflanzen.
Sorten: Sehr viele Sorten bekannt. 'Atropurpureum', Blätter trübrot, im Herbst leuchtender, 5- bis 11-lappig. 'Dissectum', Blätter grün, fein geschlitzt, 2–3 m. 'Dissectum Ornatum', fein geschnittene, rote Blätter, 1–2 m.
Sonstiges: Vermehrung durch Aussaat, die Sorten durch Veredlung.

Acer platanoides 'Globosum'
Kugel-Spitz-Ahorn
Aceraceae, Ahorngewächse

Heimat: Cultivar.
Wuchs: Kugelige Krone, 5–7 m hoch, 5 m breit, meist als Hochstamm veredelt. Borke längsrissig, Zweige mit rotbraunen, gegenständig angeordneten Knospen.
Blatt: Spitz, 5- bis 7-lappig, bis 18 cm groß, glänzend grün, Herbstlaub orange, Blattstiel mit weißem Milchsaft.
Blüte: Gelbgrün in aufrechten Doldentrauben vor dem Laubaustrieb; IV.
Frucht: Spaltfrucht, fast waagerecht geflügelt, braun, hängen in Büscheln zusammen.
Standort: Eher trockene Böden in voller Sonne.
Verwendung: Guter Straßenbaum, an Parkplätzen, im Einzelstand.
Sonstiges: Benötigt keinen Schnitt.

Acer rufinerve
Rotnerviger Ahorn, Rostbart-Ahorn
Aceraceae, Ahorngewächse

Heimat: Japan.
Wuchs: Breitkroniger, oft mehrstämmiger Strauch bis Baum, Triebe grün, weiß gestreift, Jungtriebe weißlich bereift.
Blatt: 3-lappig, 6–15 cm breit, bläulich grün, im Herbst orangerot, gegenständig angeordnet, Adern rostbraun behaart.
Blüte: Gelbgrün, in aufrechten, rostrot behaarten Trauben; V.
Frucht: Flügelfrüchte paarig, stumpfwinkelig gespreizt, anfangs behaart.
Standort: Humose, leicht saure Böden in sonniger Lage.
Verwendung: Einzeln in Hausgärten und Parks.
Sonstiges: Standort sollte nicht austrocknen.

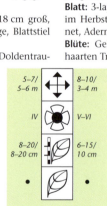

Acer tataricum subsp. ginnala (Syn. A. ginnala)
Feuer-Ahorn
Aceraceae, Ahorngewächse

Heimat: Ostasien, vorwiegend Japan, China.
Wuchs: Mehrstämmiger Kleinbaum, breit aufrecht. Borke grau, glatt.
Blatt: 3-lappig mit großem Mittellappen, 6–8 cm, rote Herbstfärbung.
Blüte: Gelblich weiß in dichten Rispen; V.
Frucht: Spaltfrucht, grünrot, später braun.
Standort: Sonnige bis halbschattige Lagen, lehmig humose Böden.
Verwendung: Im Einzelstand für kleine Gärten und Parks.
Sorten: Ähnlich ist *A. tataricum* mit etwas breiteren Blättern, Wuchs stärker.
Sonstiges: Leidet in kalten Lagen.

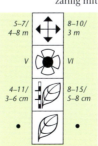

Actinidia arguta
Scharfzähniger Strahlengriffel
Actinidiaceae, Strahlengriffelgewächse

Heimat: China, Korea, Japan.
Wuchs: Windender Strauch. Triebe graubraun und glatt mit weißem, gefächertem Mark.
Blatt: Dunkelgrün, oval, 8–15 cm lang, zugespitzt. Gegenständige Blattanordnung. Gelbes Herbstlaub.
Blüte: Weiß, 2-häusig, männliche Blüten zahlreich in Doppeltrauben, 2 cm groß, 5-zählig mit roten Staubblättern, weibliche Blüten duftend; VI.
Frucht: Grüngelbe Beeren bis 3 cm lang, essbar, vitaminreich.
Standort: Humose, nährstoffreiche Böden in warmer Lage.
Verwendung: Für Pergolen und stabile Klettergerüste.
Sorten: 'Weiki', Weihenstephaner Kiwi, winterharte, ertragreiche Sorte. 'Jenny', neue, einhäusige Kiwi-Sorte.

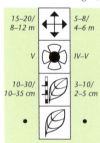

Aesculus × carnea
Fleischfarbene Rosskastanie
Hippocastanaceae, Rosskastaniengewächse

Heimat: Züchtung: *Aesculus hippocastanum × Aesculus pavia*.
Wuchs: Hoher Baum mit breiter Krone, glatte Knospen. Borke rotbraun, rau.
Blatt: Bis 30 cm groß, mit 5 handförmig angeordneten Blättern. Im Herbst gelb.
Blüte: Hellrot an aufrechten Rispen; V.
Frucht: Kapsel, selten zu sehen, aber mit glatter Fruchtschale.
Standort: Normale Gartenböden in freier Lage.
Verwendung: Nur für größere Gärten und Parkanlagen sowie für breite Alleen.
Sorten: 'Briotii', Scharlach-Rosskastanie, nur 12 m hoch, aber mit roten Blüten.
Sonstiges: Frosthart und industriefest.

Amelanchier laevis
Kahle Felsenbirne
Rosaceae, Rosengewächse

Heimat: Östliches Nordamerika.
Wuchs: Breit aufrechter Strauch bis 8 m, in der Heimat baumförmig bis 12 m. Zweige fast waagerecht abstehend, Rinde graubraun, längsrissig.
Blatt: Bläulich grün, glatt, wechselständig angeordnet, eiförmig, bis 10 cm lang, kurz zugespitzt, scharlachrote Herbstfärbung.
Blüte: Weiß, 2–3 cm groß, in lockeren, bis 12-blütigen, hängenden Trauben; IV–V.
Frucht: Rote, später schwarzrote Beere ab August, süß, saftig, essbar.
Standort: Kalkreiche Böden in voller Sonne.
Verwendung: Einzeln oder in Gruppen in Gärten und Parks. Wird oft verwechselt.
Sorten: 'Ballerina', Blüten und Früchte größer als bei der Art.
Sonstiges: Einer der besten Blütensträucher, Früchte auch für Marmelade nutzbar.

15–20/ 8–12 m | 5–8/ 4–6 m
V | IV–V
10–30/ 10–35 cm | 3–10/ 2–5 cm

Amelanchier lamarckii
Kupfer-Felsenbirne
Rosaceae, Rosengewächse

Heimat: Östliches Nordamerika, in NW-Deutschland eingebürgert.
Wuchs: Breit aufrechter Strauch oder Baum, mehrstämmig.
Blatt: Elliptisch, 5–10 cm lang, kupferroter Austrieb, orangerote Herbstfärbung.
Blüte: Weiße Blüten in lockeren Trauben; IV–V.
Frucht: Blauschwarze, bis 1 cm dicke, saftige Beerenfrüchte, wohlschmeckend.
Standort: Durchlässige, humose Böden in voller Sonne.
Verwendung: Einzeln oder in Gruppen in Gärten und Parks.
Sonstiges: Besonders häufig verwendete Art.

Aristolochia macrophylla
Amerikanische Pfeifenwinde
Aristolochiaceae, Osterluzeigewächse

Heimat: Östliche USA.
Wuchs: Mächtiger Schlinger, bis 10 m windend.
Blatt: Dunkelgrün, herzförmig, bis 30 cm groß. Herbstfärbung gelbgrün.
Blüte: Außen purpurbraun, innen gelbgrün, pfeifenförmig, meist vom Laub verdeckt; V–VI.
Frucht: Grüne, zur Reife braune, 6-fächerige Kapsel, 6–8 cm lang.
Standort: Kräftige, lehmig humose Böden im Halbschatten und Schatten.
Verwendung: Zur Berankung von Lauben und Gerüsten.
Sonstiges: Guter Sichtschutz im Sommer. Vermehrung durch Stecklinge und Ableger.
Arten: *A. tomentosa*, Blüten gelb, Blätter behaart, Wuchs schwächer.

8–10/ 5 m	6–10/ 2–6 m
IV–V	V–VI
5–10/ 5 cm	10–30/ 8–25 cm

Berberis thunbergii
Thunbergs Berberitze
Berberidaceae, Berberitzengewächse

Heimat: Japan.
Wuchs: Breit aufrechter Strauch, dicht verzweigt. Triebe bedornt.
Blatt: Spatelförmig, 1–2 cm lang, frischgrün; im Herbst orangerot.
Blüte: Gelb, 1 cm, zu 3–5 in kurzen Dolden; V–VI.
Frucht: Rote, 8 mm lange Beere, leicht giftig.
Standort: Sonnige, trockene Plätze.
Verwendung: In Gruppen oder Hecken (auch geschnitten) in Gärten und Parks.
Sorten: 'Atropurpurea', rotes Laub. 'Atropurpurea Nana', rot, aber 100 cm hoch.
Sonstiges: Anspruchslose Art.

Betula pendula
Hänge-Birke, Sand-Birke, Warzen-Birke, Weiß-Birke
Betulaceae, Birkengewächse

Heimat: Europa, Kleinasien.
Wuchs: Meist schlank aufrecht, auch strauchig, im Alter hängend. Borke weiß mit schwarzen Wülsten, rau und rissig, Triebe warzig, dünne Zweige. Dünne Borke rollt sich waagerecht ab (Ringelborke).
Blatt: Rautenförmig bis dreieckig, 4–7 cm lang, keilförmige Basis, frischgrün, goldgelbe Färbung im Herbst.
Blüte: Einhäusig. Männliche Kätzchen gelb; III–IV.
Frucht: Walzenförmige Kätzchen, 2–3 cm lang, Samen klein und geflügelt (Nussfrucht).
Standort: Sonnige trockene Lagen, verträgt fast alle Bodenarten.
Verwendung: Einzelstand, Alleen in Parks und größeren Gärten, Flachwurzler.
Sorten: 'Dalecarlica', geschlitzt.
Sonstiges: Nicht mit anderen Flachwurzlern zusammen verwenden.

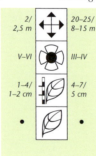

	Berberis thunbergii	Betula pendula
Höhe	2 / 2,5 m	20–25 / 8–15 m
Blüte	V–VI	III–IV
Blatt	1–4 / 1–2 cm	4–7 / 5 cm

Betula pendula 'Youngii'
Trauer-Birke
Betulaceae, Birkengewächse

Heimat: Züchtung.
Wuchs: Auf Hochstämme von *B. pendula* veredelt, dann alle Triebe stark herabhängend, Kleinbaum, schirmförmige Krone. Borke weiß.
Blatt: Dreieckig, 4–7 cm lang, im Herbst gelb.
Blüte: Einhäusig. Männliche Kätzchen gelb; IV–V.
Frucht: Kätzchenartiger Fruchtstand. Nussfrucht.
Standort: Humose und sandige Böden, sonnig bis halbschattig.
Verwendung: Einzelstellung, Friedhöfe.
Sorten: 'Tristis', ähnlich, aber mit durchgehendem Stamm, hängende Triebe.
Sonstiges: Wird veredelt; Unterlage kann durchtreiben, muss daher entfernt werden.

Buddleja alternifolia
Schmalblättriger Sommerflieder
Buddlejaceae, Sommerfliedergewächse

Heimat: West-China.
Wuchs: Breitbuschiger Strauch mit lang überhängenden, hellen Trieben, leicht überhängend.
Blatt: Wechselständig, schmal lanzettlich, 3–9 cm lang, unterseits silbrig, oberseits stumpf dunkelgrün.
Blüte: In dichten, achselständigen Büscheln, entlang der vorjährigen Zweige, hellviolette Röhrenblüten, Duft; VI.
Frucht: Kapseln 4 mm lang.
Standort: Sonnig und warm.
Verwendung: Prachtvoller Blütenstrauch. Auf Mauern und Böschungen, wo die Hängegestalt zur Wirkung kommt.
Sonstiges: Radikalschnitt wird nicht vertragen, nur auslichten.

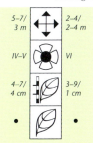

5–7/ 3 m	2–4/ 2–4 m
IV–V	VI
4–7/ 4 cm	3–9/ 1 cm

Buddleja davidii
Sommerflieder, Schmetterlingstrauch
Buddlejaceae, Sommerfliedergewächse

Heimat: China, weltweit verwildert.
Wuchs: Stark wachsender, hoher Strauch.
Blatt: Gegenständig, eilanzettlich, 5–10 cm lang, unterseits weißfilzig.
Blüte: Stark duftende Röhrenblüten an bis 30 cm langen Rispen, am Ende diesjähriger, aufrechter oder geneigter Triebe; VI–IX.
Frucht: Kapseln 6–8 mm lang, bleiben lange am Strauch.
Standort: Sonnige und warme, geschützte Lagen. Durchlässige, nährstoffreiche Böden.
Verwendung: Einzelstellung im Hausgarten und in öffentlichen Anlagen.
Sorten: 'Empire Blue', violettblau. 'Peace', weiß. 'Royal Red', purpurrot.
Sonstiges: Jährlicher, starker Rückschnitt im März. Blüten ziehen Schmetterlinge an.

Buxus sempervirens
Gewöhnlicher Buchsbaum
Buxaceae, Buchsbaumgewächse

Heimat: Europa, Asien.
Wuchs: Breit aufrechter Strauch, auch als Kleinbaum möglich.
Blatt: Immergrün, gegenständig, oft gewölbt, eiförmig, 3 cm lang und ledrig.
Blüte: Gelblich grün in den Blattachseln, unscheinbar; IV–V.
Frucht: 3-klappige Kapsel, 7–8 mm, enthält schwarze Samen.
Standort: Sonnige, warme Plätze auf kalkreichen Böden.
Verwendung: In Gruppen oder als Solitär, vielfach als Heckenpflanze.
Sorten: 'Suffruticosa', der „Einfassungsbuchs", wird nur 1 m hoch.
Sonstiges: Ganz anspruchslose Heckenpflanze.

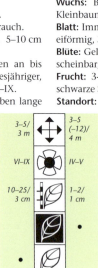

Callicarpa bodinieri var. giraldii
Schönfrucht
Verbenaceae, Eisenkrautgewächse

Heimat: Zentral- und West-China.
Wuchs: Dichter Busch, 2 m hoch, graue Triebe mit gegenständigen Knospen.
Blatt: Dunkelgrün, elliptisch, bis 10 cm lang, gelbliche Herbstfärbung.
Blüte: Dichte Trugdolden in den Blattachseln, lilarosa, 1 cm groß; VII–VIII.
Frucht: Kugelige, lilafarbene beerenartige Steinfrüchte, 3–4 mm groß.
Standort: Humose, leicht saure Böden in geschützter Lage.
Verwendung: Hausgarten, Park, Zweige zum Vasenschnitt. Einzeln, zum besseren Fruchtansatz in Gruppen pflanzen.
Sorten: 'Profusion', reich fruchtend.

Calluna vulgaris
Besenheide
Ericaceae, Heidekrautgewächse

Heimat: Europa, Sibirien und Kleinasien.
Wuchs: Flach wachsender, aber bis 60 cm hoher Zwergstrauch.
Blatt: Immergrüne Nadelblätter, kreuzweise Anordnung, 1–3 mm lang, Graugrün, oder je nach Sorte gelblich oder kupferfarben,
Blüte: Violettrosa oder weiß, vierteilig, von einem geschlossenen Kelch umgeben, 2–3 mm groß, in Doppeltrauben; VI–IX.
Frucht: Rundliche Kapseln, 1,5 mm groß.
Standort: Nährstoffarme (sandige), saure Böden in sonniger Lage.
Verwendung: In größerer Anzahl für Heide- und Steingärten, Gräber, Gefäße. Bodendecker.
Sorten: 'C.W. Nix', lilarot, 50 cm. 'Hammondii', weiß, 50 cm. 'H.E. Beale', rosa gefüllt, 50 cm hoch.
Sonstiges: Rückschnitt nach der Blüte.

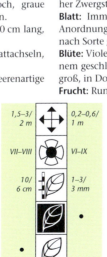

Campsis radicans
Amerikanische Klettertrompete
Bignoniaceae, Trompetenbaumgewächse

Heimat: Nordamerika.
Wuchs: Klettert mit Haftwurzeln bis 10 m hoch, hellbraune Triebe.
Blatt: Gegenständig, unpaarig gefiedert, bis 35 cm lang. Einzelblättchen bis 10 cm lang, eiförmig zugespitzt, gelbliche Herbstfärbung.
Blüte: Orangerote Trichterblüte bis 8 cm lang; VII–IX.
Frucht: Ledrige Kapseln, bis 10 cm lang, selten.
Standort: Nährstoffreiche, lehmig humose Böden, sonnige, warme, geschützte Lagen.
Verwendung: Größere Lauben und Pergolen. An Wänden mit Klettergerüst verwenden.
Sorten: 'Flava', gelb (Bild).
Sonstiges: Jährlicher Rückschnitt.

Carpinus betulus
Hainbuche, Weißbuche
Betulaceae, Birkengewächse

Heimat: Europa bis zum Kaukasus.
Wuchs: Großer Baum, oft mehrstämmig, Drehwuchs, Krone breit eiförmig. Borke grau, glatt, mit netzartigem Muster.
Blatt: Elliptisch zugespitzt, Rand doppelt gesägt, dunkelgrün, im Herbst goldgelb. Bleiben oft braun den ganzen Winter hängen, Knospen wechselständig.
Blüte: Einhäusig, männliche Kätzchen gelb, weibliche Blüten unscheinbar; V–VI.
Frucht: Nussfrüchte an dreilappigem Hochblatt, geflügelt. Fruchtstand ährenartig.
Standort: Anspruchslos, für viele Bodenarten und Zwecke.
Verwendung: Einzeln, Gruppe, Hecke, Schnitthecke; für Landschaft, Gärten, Parks.
Sorten: 'Columnaris', breite Säule. 'Fastigiata', Säulen-Hainbuche.
Sonstiges: Besonders wichtige heimische Baumart, Holz elastisch.

8–10/ 2 m	20–25/ 10 m
VII–IX	V–VI
15–25/ 10 cm	6–10/ 5–6 cm

Catalpa bignonioides
Gewöhnlicher Trompetenbaum
Bignoniaceae, Trompetenbaumgewächse

Heimat: Südöstliche USA.
Wuchs: Stamm aufrecht bis schief, breite Krone, Holz brüchig. Borke dunkelgrau, rissig, Triebe olivbraun mit 3 quirlständigen Knospen.
Blatt: Weichhaarig, herzförmig, grün, bis 25 cm lang, im Herbst grüngelb.
Blüte: Weiß, bis 5 cm lang, an endständiger, bis 30 cm langer Rispe; V–VII. Einzelblüte fast glockig, mit gelben und rotvioletten Schlundflecken.
Frucht: Kapselfrucht graubraun, bis 30 cm lang, 1 cm breit, viele haarige Samen.
Standort: Nährstoffreiche, sandige Lehmböden, warme Lage.
Verwendung: Einzelstand, für größere Gärten und Parks.
Sorten: 'Nana', Krone klein, meist als Hochstamm veredelt, Stadtklimafest.

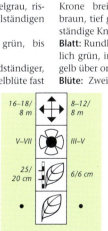

Cercidiphyllum japonicum
Katsurabaum, Kuchenbaum
Cercidiphyllaceae, Kuchenbaumgewächse

Heimat: Japan.
Wuchs: Streng aufrecht, oft mehrstämmig, Krone breit kegelförmig. Borke schwarzbraun, tief gefurcht, Zweige rotbraun, gegenständige Knospen.
Blatt: Rundlich nierenförmig, unterseits bläulich grün, im Herbst großartige Färbung von gelb über orange bis tief violettrot.
Blüte: Zweihäusig, unscheinbar; männliche Blüten gelb, weibliche mit roten Narben; III–V.
Frucht: Balgfrucht, 2 cm lang, enthält viele feine Samen.
Standort: Kalkarme, humose Böden in voller Sonne, nie trocken.
Verwendung: Einzelstellung in Gärten und Parks.
Sorten: 'Pendulum', Hängeform.

Chaenomeles japonica
Japanische Scheinquitte
Rosaceae, Rosengewächse

Heimat: Japan, am Vulkan Fudschijama zwischen 500 und 900 m Höhe.
Wuchs: Strauch, breit aufrecht, sparrige Dorntriebe. Viele Bodentriebe.
Blatt: Wechselständig, glänzend grün, breit eiförmig, bis 4 cm, Nebenblätter.
Blüte: Ziegelrot, schalenförmig, 3 cm, 3–4 in Büscheln; III–IV.
Frucht: Gelbgrüne Apfelfrüchte, 4–5 cm, duften aromatisch, für Gelees.
Standort: Kalkhaltige Böden in voller Sonne.
Verwendung: Niedere, frei wachsende Hecke oder einzeln im Garten.
Arten: C. × superba (C. japonica × C. speciosa) mit vielen Sorten.
Sonstiges: Feuerbrandgefahr, Vogelschutzgehölz.

Chaenomeles speciosa
Chinesische Scheinquitte
Rosaceae, Rosengewächse

Heimat: China.
Wuchs: Aufrecht, dichtbuschig, viele Bodentriebe, dornig.
Blatt: Wechselständig, eiförmig, 3–8 cm, glänzend, Nebenblätter bis 4 cm.
Blüte: Schalenform, 3–4 cm, je nach Sorte rot bis rosa und weiß, immer an älteren Trieben.
Frucht: Gelbe Quittenfrüchte, bis 5 cm, verwertbar als Gelee.
Standort: Gartenböden, auch magere, in voller Sonne.
Verwendung: Einzelstellung in Garten und Park, auch als frei wachsende Hecke.
Sorten: Meist aus Kreuzungen mit *C. japonica* entstanden: 'Etna', rot. 'Nicoline', scharlachrot, groß. 'Nivalis', weiß.
Sonstiges: Unterpflanzungen durch Stauden nicht möglich.

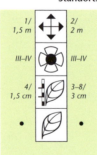

Chamaecytisus purpureus
(Syn. Cytisus purpureus)
Purpur-Zwergginster
Fabaceae, Hülsenfrüchtler

Heimat: Südeuropa, Balkan.
Wuchs: Lockerer Kleinstrauch, Triebe überhängend, unterirdische Sprosse bildend. Zweige graugrün.
Blatt: 3-zählig, dunkelgrün, verkehrt eiförmig, wechselständig, 1,5–2 cm lang.
Blüte: Violett, 2–2,5 cm lang, zu 1–3 entlang der vorjährigen Triebe; V–VI.
Frucht: Hülse 1,5–2,5 cm lang, kahl, giftig.
Standort: Durchlässige Böden in voller Sonne.
Verwendung: Einzeln oder in Gruppen für Böschungen, größere Steingärten, Gefäße.
Sonstiges: Anspruchslos, nicht an Kinderspielplätze pflanzen, wuchert!

Clematis alpina
Alpen-Waldrebe
Ranunculaceae, Hahnenfußgewächse

Heimat: Gebirge Europas bis Nordostasien.
Wuchs: Schwach kletternd bis 3 m oder kriechend, Triebe dünn, kahl.
Blatt: Gegenständig, doppelt dreizählige Blätter. Blättchen eilanzettlich bis 5 cm lang, verankert sich mit langen Blattstielen an anderen Sträuchern (Blattstielranker).
Blüte: Blau, nickend, 4 Tepalen; IV–VI.
Frucht: Nüsschen mit federigen Fruchthaaren.
Standort: Kalkreiche, durchlässige Böden im Halbschatten.
Verwendung: Steingärten; in Sträuchern und auch in Zwergkoniferen klettern lassen.
Ähnliche Art: *C. macropetala,* violette Blüten, halb gefüllt.
Sonstiges: Alle Clematis brauchen einen beschatteten Fuß, nie an Südwände pflanzen!

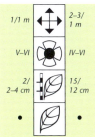

	1/1 m	2–3/1 m
	V–VI	IV–VI
	2/2–4 cm	15/12 cm

Clematis viticella
Italienische Waldrebe
Ranunculaceae, Hahnenfuß-
gewächse

Heimat: Südeuropa bis Westasien.
Wuchs: Kriechend, auch kletternd bis 4 m, rotbraune Triebe. Blattstielranker.
Blatt: Zierlich, doppelt gefiedert, 12 cm lang, Einzelblättchen 2–4 cm lang.
Blüte: Violettrosa, 4 Tepalen, in den Blattachseln, 3–5 cm groß; VII–IX.
Frucht: Nüsschen mit kahlem Griffel.
Standort: Lehmig humoser Gartenboden im Halbschatten.
Verwendung: Klettert an kleineren Gehölzen hoch, Rückschnitt möglich.
Sorten: 'Kermesina', weinrot, großblütig.
Sonstiges: Besonders reichblütig.

Clematis-Sorten
Großblumige Waldreben
Ranunculaceae, Hahnenfuß-
gewächse

Heimat: Kreuzungen seit 1835 entstanden.
Wuchs: Sortenbedingt, Blattstielranker.
Blatt: Sommergrün, dreizählig, gefiedert.
Blüte: Großblumig, je nach Sorte weiß, rosa, rot oder blau, auch gefüllt; VI–IX.
Frucht: Nüsschen mit federigen Griffeln.
Standort: Humose, durchlässige, tiefgründige, kalkhaltige Böden.
Verwendung: Pergolen und Rankgerüste an Mauern, beschatteter Fuß.
Sorten: 'Lasurstern', lavendelblau, 10–20 cm, VI. 'Nelly Moser', lilarosa mit rotem Streifen, 15–20 cm, VI (Bild). 'Ville de Lyon', karminrot, 15 cm, VI–X.
Sonstiges: Vertrocknungsgefahr durch Welkepilze (vorbeugende Fungizidbehandlung) oder Wassermangel im Hochsommer (2–3-mal wöchentlich gießen).

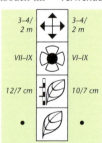

Cornus alba
Weißer Hartriegel, Tatarischer Hartriegel
Cornaceae, Hartriegelgewächse

Heimat: Osteuropa, Sibirien bis Korea.
Wuchs: Aufrechter Strauch, Triebe rot, breit ausladend.
Blatt: Eiförmig elliptisch, 4–8 cm lang, zugespitzt, grün, unterseits bläulich, im Herbst gelb bis rötlich.
Blüte: Rahmweiß in Trugdolden, 3–5 cm groß, Einzelblüte 6–8 mm, 4-zählig; V–VI.
Frucht: Weiße bis bläuliche Steinfrüchte, 8 mm groß.
Standort: Sonnig bis halbschattige, normale Gartenböden, anspruchslos.
Verwendung: Abpflanzungen in Gärten und Parks, Wind- und Sichtschutz.
Sorten: 'Sibirica', leuchtend rote Triebe im Winter (Bild). 'Spaethii', Blatt gelb gerandet.
Sonstiges: Anspruchslose Gewächse.

Cornus florida
Blumen-Hartriegel
Cornaceae, Hartriegelgewächse

Heimat: Östliche USA.
Wuchs: Breit aufrechter Strauch bis 5 m Höhe, in der Heimat als Kleinbaum bis 10 m.
Blatt: Gegenständig, dunkelgrün, eiförmig, unterseits weißlich, bis 14 cm lang. Im Herbst scharlachrote Färbung. Knospen weißlich bereift.
Blüte: Unscheinbar gelbgrün, an endständigen Blütenköpfen. Diese sind von flachen, sternartigen Hochblättern umgeben, vierteilig, weiß bis rosa; V–VI.
Frucht: Steinfrucht. Eiförmig, rot, 1 cm, selten.
Standort: Humose, leicht saure Böden in Sonne und im Halbschatten. Feuchtigkeit liebend.
Verwendung: Einzelstellung in Gärten und Parks.
Sorten: 'Cloud Nine', weiße Brakteen. 'Rubra', rote Brakteen.
Sonstiges: Anspruchsvoller, auffälliger Strauch.

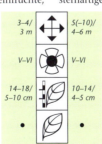

Cornus mas
Kornelkirsche
Cornaceae, Hartriegelgewächse

Heimat: Süd- und Mitteleuropa bis zum Kaukasus.
Wuchs: Strauch bis 4 m, selten baumförmig bis 8 m, sparrig verzweigt. Borke dunkel graubraun, längsrissig, auch schuppig abblätternd. Hartes Holz.
Blatt: Gegenständig, eiförmig zugespitzt, bis 10 cm lang, glänzend grün, im Herbst rotbraun. Blattknospen schlank, Blütenknospen kugelig.
Blüte: Gelb, in dichten Dolden; II–IV.
Frucht: Rote Steinfrüchte 2 cm lang, bei Vollreife essbar, säuerlich. Großer Steinkern.
Standort: Kalkhaltige, tiefgründige Böden in vollsonniger Lage.
Verwendung: Windschutz, Vogelnährgehölz, Bienenweide, Hecke, Vasenschnitt.
Sorten/Arten: 'Jolico', größere Früchte. *C. officinalis* aus China ist ähnlich wie *C. mas*.
Sonstiges: Anspruchslos.

Cornus sanguinea
Roter Hartriegel
Cornaceae, Hartriegelgewächse

Heimat: Europa, Kurdistan.
Wuchs: Breit aufrecht, bildet viele Ausläufer und Stockausschläge. Triebe grün-braun, sonnenseitig braunrot, Knospen gegenständig.
Blatt: Dunkelgrün, eiförmig zugespitzt, 10 cm lang, rote Herbstfärbung.
Blüte: Weiß, sternförmig, 4-zipfelig, 5 mm groß, in breiten Trugdolden; V–VI.
Frucht: Schwarzblaue Steinfrüchte, weiß punktiert, bis 8 mm groß.
Standort: Anspruchslos an Klima und Boden, für alle Lagen.
Verwendung: Unterpflanzung für höhere Gehölze, Bodenbefestiger, Windschutz.

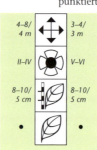

Corylus avellana
Gewöhnliche Hasel
Betulaceae, Birkengewächse

Heimat: Europa bis zum Kaukasus.
Wuchs: Großstrauch, mehrstämmig. Im Alter schirmförmig. Borke braun-grau mit feiner Zeichnung, Triebe drüsig behaart.
Blatt: Weich behaart, eirund zugespitzt, 6–10 cm lang, wechselständig, im Herbst gelb-braun gefärbt.
Blüte: Einhäusig, männliche Kätzchen gelb, 8–10 cm lang, stäuben ab II–III; weibliche Blüten unscheinbar, rote Narben bis 5 mm.
Frucht: Essbare Nussfrüchte 1,5 cm lang, braun, Fruchtbecher geschlitzt.
Standort: Nährstoffreiche Gartenböden, lehmig humos.
Verwendung: Windschutz, Feldhecke, guter Bodenbefestiger, für Gärten und Parks.
Arten/Sorten: Großfrüchtige Sorten verwenden; 'Heterophylla' mit geschlitztem Laub. *C. maxima* 'Purpurea'; Blatt gleichmäßig tief schwarzrot, 8–12 cm lang, zugespitzt.

Corylus avellana 'Contorta'
Korkenzieher-Hasel
Betulaceae, Birkengewächse

Heimat: Züchtung.
Wuchs: Triebe korkenzieherartig gedreht, langsam wachsend.
Blatt: Kraus, gelegentlich eingerollt, 8–10 cm lang, weichhaarig, im Herbst gelblich.
Blüte: Einhäusig, männliche Kätzchen gelb, 8–10 cm lang, stäuben ab II–IV. Weibliche Blüten unscheinbar, rote Narben bis 5 mm lang
Frucht: Essbare Nussfrüchte 1,5 cm lang, braun, von geschlitztem Fruchtbecher umhüllt.
Standort: Gute Gartenböden in sonniger Lage.
Verwendung: Einzelstellung in Gärten und Parks.
Sonstiges: Im Winter auffällige Pflanze. Für Floristik unentbehrlich.

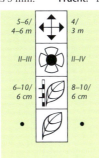

Cotinus coggygria
Perückenstrauch
Anacardiaceae, Sumachgewächse

Heimat: Südeuropa bis Zentral-China.
Wuchs: Breitbuschiger Strauch. Borke grauschwarz, Rinde der jüngeren Triebe hellbraun bis olivgrün, kein Milchsaft.
Blatt: Oval bis verkehrt eiförmig, 5–8 cm lang, wechselständig, bläulich bereift. Im Herbst orange gefärbt.
Blüte: Unscheinbar gelbgrün, an 20 cm langen, endständigen Rispen; VI–VII.
Frucht: Kleine Steinfrucht, 5 mm groß.
Standort: Sonnige, warme Plätze in kalkreichen Böden.
Verwendung: Geschützte Lagen im Hausgarten – z.B. Terrasse –, Solitär.
Sorten: 'Royal Purple', dauerhaft dunkelrot gefärbt, Herbstlaub orangeviolett (Bild).

Cotoneaster dammeri
Teppich-Zwergmispel
Rosaceae, Rosengewächse

Heimat: West-China.
Wuchs: Niederliegender, immergrüner Spalierstrauch, Triebe wurzelnd, 25 cm hoch.
Blatt: Wechselständig, eiförmig, bis 3 cm lang, glänzend grün.
Blüte: Weiß, Trugdolden meist einzeln in Blattachseln, 1 cm groß; V–VI.
Frucht: Kugelige, beerenartige Apfelfrucht, rot, erbsengroß, lange haltend.
Standort: Kräftige Gartenböden in Sonne und Halbschatten, anspruchslos.
Verwendung: Flächenpflanzungen aller Art, für Gräber, Steingärten, Böschungen, Tröge und Balkone, wo sie weit herabhängen können.
Sorten: 'Holsteins Resi', resistent gegen Feuerbrand. 'Major', größere Blätter.
Sonstiges: Bei Gefäßen und Dachgärten auf Dickmaulrüssler achten. Auf Feuerbrand achten.

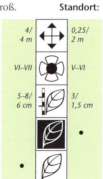

Cotoneaster divaricatus
Sparrige Zwergmispel
Rosaceae, Rosengewächse

Heimat: China.
Wuchs: Breit aufrecht, sparrige Triebe.
Blatt: Elliptisch, bis 2 cm lang, glänzend dunkelgrün, im Herbst scharlachrot.
Blüte: Rosa, Trugdolde zu 2–4, Blüten klein, fünfzählig; V–VI.
Frucht: Elliptische Apfelfrucht, 1 cm lang, rot, mit 2 Steinkernen.
Standort: Sonnige bis halbschattige Plätze in normalen Gartenböden, anspruchslos.
Verwendung: Einzeln oder in Gruppen, auch als breite, ungeschnittene Hecke.
Sonstiges: Besonders auffallend im Herbst durch Blätter und Früchte. Durch Feuerbrand gefährdet.

Cotoneaster horizontalis
Fächer-Zwergmispel
Rosaceae, Rosengewächse

Heimat: West-China.
Wuchs: Sommergrüner, aufstrebender Strauch. Zweige fisch-grätähnlich gestellt, enge Internodien.
Blatt: Fast kreisrund, 1 cm groß, leicht zugespitzt, glänzend grün, im Herbst rot.
Blüte: Rosa, zu 1–2, öffnen sich nur halb; V–VI.
Frucht: Beerenartige Apfelfrucht, hellrot, kugelig bis 6 mm, lange haftend.
Standort: Sonnige Plätze in lehmigem Gartenboden.
Verwendung: Einzelstand in größeren Steingärten, vor Mauern und Häusern, Böschungen.
Sorten: 'Robusta', stark wachsend, Blätter 2 cm. 'Saxatilis', sehr schwach wachsend, in allen Teilen kleiner. Alle mit herrlicher Herbstfärbung.

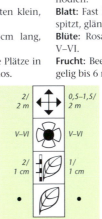

Cytisus × praecox
Elfenbeinginster
Fabaceae, Hülsenfrüchtler

Heimat: Züchtung aus *C. multiflorus* × *C. purgans*.
Wuchs: Vieltriebiger Strauch, dünne Triebe bogig überhängend.
Blatt: Einfach, lanzettlich 1–2 cm lang, hellgrün.
Blüte: Schwefelgelb, 1 cm lang, entlang der graugrünen Triebe; IV–V.
Frucht: Wenig auffällige Hülsen, giftig!
Standort: Leichte, sandige Böden in voller Sonne, kalkfrei.
Verwendung: Einzelstellung im Hausgarten, Stein- und Heidegarten.
Weitere Art: *Cytisus × kewensis*, Zwerg-Elfenbeinginster, nur 30 cm hoch, dankbar.
Sorten: 'Hollandia', rubinrot mit gelbem Rand. 'Zitronenregen', dunkles zitronengelb.
Sonstiges: Nicht an Kinderspielplätze pflanzen. Absolut winterhart.

Daphne cneorum
Rosmarin-Seidelbast
Thymelaeaceae, Spatzenzungengewächse

Heimat: Kalkberge in Mittel- und Südeuropa.
Wuchs: Immergrüner Zwergstrauch, Matten bildend.
Blatt: Spatelförmig, 2 cm lang, dunkelgrün, unterseits bläulich, immergrün.
Blüte: Dunkelrosa Röhrenblüten, an den Triebenden gehäuft zu köpfchenartigen Dolden; IV–VI, duftend.
Frucht: Gelbbraun, 2–3 mm lang, wenig auffällig. Wird von Ameisen verschleppt, Steinfrucht.
Standort: Durchlässige, kalkhaltige Böden in voller Sonne.
Verwendung: Steingartenjuwel, erfüllt zur Blütezeit den ganzen Garten mit Nelkenduft.
Sorten: 'Major', großblumiger, aber nicht so ausdauernd wie die Art. Wird in 10–12 Jahren über 1 m breit.
Sonstiges: Ganze Pflanze giftig.

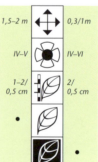

1,5–2 m	0,3/1 m
IV–V	IV–VI
1–2/ 0,5 cm	2/ 0,5 cm

Deutzia scabra
Raue Deutzie
Hydrangeaceae, Hortensiengewächse

Heimat: Japan.
Wuchs: Straff aufrechter Strauch, Triebe hohl.
Blatt: Länglich lanzettlich bis 10 cm, Basis gerundet, stumpfgrün, rau.
Blüte: Reinweiß, 2 cm groß, in breiten, lockeren Rispen; VI–VII.
Frucht: Kapsel.
Standort: Normale, tiefgründige Gartenböden, sonnig bis halbschattig.
Verwendung: Einzeln oder gruppenweise in Gärten und Parks.
Weitere Arten und Sorten: 'Candidissima', reinweiß gefüllt. 'Plena', außen rosa gefüllt. *D. gracilis*, überhängender Zwergstrauch, 60–80 cm hoch, Blüte weiß; V–VI.
Sonstiges: Anspruchsloser Blütenstrauch.

Erica carnea
Schnee-Heide
Ericaceae, Heidekrautgewächse

Heimat: Kalkalpen Europas.
Wuchs: Zwergstrauch, 30–40 cm hohe Matten bildend, breit wachsend, dünntriebig.
Blatt: Nadelartig, immergrün, 4–8 mm lang, zu 3–4 in Wirteln.
Blüte: Im Herbst vorgebildet, glockig, 4–5 mm groß, rosa, nickend, 4-teiliger Kelch, braune Staubgefäße aus der Blüte herausragend; I–IV.
Frucht: Unscheinbare, 4-klappige Kapseln mit sehr feinen Samen.
Standort: Humose Gartenböden in voller Sonne, in der Natur zusammen mit Kiefern.
Verwendung: Flächig für Böschungen, Stein- und Heidegärten, Gräber, Gefäße.
Sorten: 'Myretoun Ruby', weinrot. 'Spingwood', weiß. 'Vivellii', rote Blätter und Blüten. 'Winter Beauty', rosa (Bild).
Sonstiges: Rückschnitt nach der Blüte.

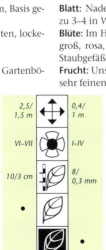

2,5/1,5 m	0,4/1 m
VI–VII	I–IV
10/3 cm	8/0,3 mm

Euonymus alatus
Flügel-Spindelstrauch
Celastraceae, Spindelbaumgewächse

Heimat: Ostasien.
Wuchs: Sparrig aufrecht, Triebe mit 4 breiten Korkleisten.
Blatt: Elliptisch bis eiförmig, 3–5 cm lang, beidseitig zugespitzt, grün, im Herbst leuchtend dunkelrot, gegenständig.
Blüte: Grünlich gelb, 4-zählig, in Trauben, unscheinbar; V–VI.
Frucht: Eiförmige Kapsel, orangefarbene Fruchthülle mit Samen, selten ausgebildet, Kapsel. Giftig.
Standort: Humose Gartenböden im Halbschatten.
Verwendung: Einzelstellung in Vorgärten, Heide- und Steingärten, Parkanlagen.
Sonstiges: Herrliche Herbstfärbung.

Euonymus europaeus
Gewöhnliches Pfaffenhütchen
Celastraceae, Spindelbaumgewächse

Heimat: Europa bis West-Sibirien.
Wuchs: Aufrechter Strauch bis 3 m Höhe, bei guten Standortbedingungen bis 6 m hoch wachsend. Triebe vierkantig, grün.
Blatt: Länglich eiförmig, 5–8 cm lang, beidseitig zugespitzt, grün, im Herbst karminrot.
Blüte: Unscheinbar grün, an langen Stielen, duftet unangenehm, Trugdolde; V.
Frucht: 4-klappige Kapsel, rote Fruchthüllen enthalten orangefarbene, giftige Samen.
Standort: Kalkliebend, nährstoffreiche Böden in Sonne und Halbschatten.
Verwendung: Vogelnährgehölz in Feldhecken, Gärten und Parks.
Sorten: 'Red Cascade', zahlreiche Früchte, rosa Fruchtblätter.
Sonstiges: Nicht an Kinderspielplätze pflanzen. Wird von Gespinstmotten und Blattläusen befallen.

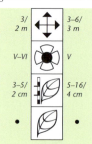

3/ 2 m	3–6/ 3 m
V–VI	V
3–5/ 2 cm	5–16/ 4 cm
•	•

Exochorda racemosa
Chinesische Radspiere
Rosaceae, Rosengewächse

Fagus sylvatica
Rot-Buche
Fagaceae, Buchengewächse

Heimat: Ost-China.
Wuchs: Breit aufrecht, 3–4 m hoch, mit überhängenden, rotbraunen Trieben.
Blatt: Wechselständig, länglich eiförmig, 3–6 cm, hellgrün, unterseits dunkler.
Blüte: Weiß, 4 cm breit, zu 6–10 in Trauben; V.
Frucht: Braune, holzige Kapseln, lange am Strauch haftend, 1 cm groß.
Standort: Sandig humose, mehr saure Böden in voller Sonne.
Verwendung: Einzelstellung in Hausgärten und Parks.
Arten: *E. × macrantha* 'The Bride', 2 m hoch, überhängend, großblütig (Bild).
Sonstiges: Wertvoller Blütenstrauch für kalkarme Böden.

Heimat: Europa bis zur Krim.
Wuchs: Breitkroniger, mächtiger Baum, an der Baumgrenze strauchig. Borke weißgrau, glatt, gerader Stamm, Knospen wechselständig, spindelförmig.
Blatt: Hellgrün, eiförmig, Rand gewellt und bewimpert, Herbstfärbung goldbraun.
Blüte: Einhäusig, männliche Kätzchen in lang gestielten Büscheln, weibliche Blüten unauffällig; IV–V.
Frucht: 3-kantige Nuss in 4-klappigem, verholztem Fruchtbecher.
Standort: Nährstoffreiche, meist kalkhaltige Böden in sonnigen und halbschattigen Lagen.
Verwendung: Wichtigster Waldbaum Mitteleuropas, für Schnitthecken, in Gärten und Parks.
Sorten: 'Atropunicea', rotes Laub. 'Pendula', Hänge-Buche.
Sonstiges: Sehr empfindlich gegen Einschüttung und plötzlicher Freistellung.

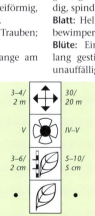

Forsythia × intermedia
Forsythie, Goldglöckchen
Oleaceae, Ölbaumgewächse

Heimat: Züchtungen (*F. suspensa* × *F. viridissima*).
Wuchs: Aufrecht, reich verzweigt, breitbuschig, ältere Triebe grau, junge hellbraun mit vielen Lentizellen, Knospen gegenständig.
Blatt: Grün, eilanzettlich, 6–10 cm lang, beidseitig zugespitzt.
Blüte: Goldgelb, 3–4 cm breit, vierteilig, an der ganzen Länge der Triebe; III–IV.
Frucht: Kapsel zweiklappig, verholzt.
Standort: Nährstoffreiche Gartenböden.
Verwendung: Einzeln oder gruppenweise in Gärten und Parks, Hecke (auch geschnitten).
Sorten: 'Beatrix Farrand', gelb, Blüten 6 cm groß. 'Lynwood', goldgelb, reich blühend. 'Spectabilis', dunkelgelb, wichtige Treibsorte.
Sonstiges: Frei von Schädlingen, im Alter viröse Wucherungen möglich, daher auslichten.

Fothergilla major
Großer Federbuschstrauch
Hamamelidaceae, Zaubernussgewächse

Heimat: Südosten der USA, Alabama.
Wuchs: Breitbuschig, halbkugelig, Triebe hellgrau filzig.
Blatt: Wechselständig, dunkelgrün, unterseits blaugrün, eiförmig, im Herbst orange.
Blüte: Weiße, bürstenförmige Blütenähren, an den Triebenden gehäuft; V.
Frucht: Braune Kapselfrüchte, unauffällig, 1,5 cm lang.
Standort: Humose, kalkfreie Böden in halbschattigen Lagen.
Verwendung: Einzelstellung im Hausgarten, Frühlingsecken im Stein- und Vorgarten.
Sonstiges: Einmalige Herbstfärbung.

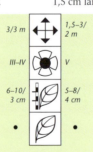

3/3 m	1,5–3/2 m
III–IV	V
6–10/3 cm	5–8/4 cm
•	•

Gaultheria procumbens
Niederliegende Scheinbeere,
Rebhuhnbeere
Ericaceae, Heidekrautgewächse

Heimat: Östliches Nordamerika.
Wuchs: Niederliegender Zwergstrauch, bis 15 cm hoch, unterirdische Ausläufer.
Blatt: Ledrig, Eiförmig elliptisch, bis 5 cm lang, immergrün, im Herbst rötlich.
Blüte: Hellrosa Blütenglöckchen, einzeln an den Triebenden, 4–7 mm; VI–VIII.
Frucht: Leuchtend rote Kapsel, 6–8 mm, lange haftend.
Standort: Kalkfreie, sandig humose Böden im Halbschatten.
Verwendung: Prächtiger Bodendecker für Heide- und Steingärten, Grab, Moorbeet.
Weitere Art: *G. shallon,* 80 cm, breites Laub, als Bindegrün unter „Salal" bekannt.
Sonstiges: Dichter Wuchs in kalkfreien Böden.

Genista lydia
Lydischer Ginster
Fabaceae, Hülsenfrüchtler

Heimat: Ost-Balkan, Anatolien.
Wuchs: Breit wachsender Zwergstrauch, 50 cm hoch, Zweige nach unten gekrümmt.
Blatt: Wechselständig, linealisch, spitz, 5–10 mm, grün, Triebe vierkantig.
Blüte: Goldgelb, zu mehreren in dichtblütigen Trauben; V–VI.
Frucht: Flache Hülsen, 2,5 cm lang, giftig!
Standort: Sonnige Lagen, kalkliebend, trockenheitsverträglich.
Verwendung: Für Stein- und Heidegärten, Vorgarten, Gräber, Tröge, Dachgärten. Einzeln oder in Gruppen.
Sonstiges: Dankbarer Kleinstrauch für warme Lagen.

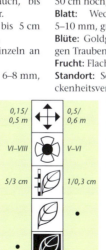

Hamamelis × intermedia
Zaubernuss
Hamamelidaceae, Zaubernuss-
gewächse

Heimat: Sorte aus *H. japonica* × *H. mollis*.
Wuchs: Breit aufrechter Strauch, 3–4 m, schräg aufsteigende Zweige, Triebe graubraun.
Blatt: Eiförmig zugespitzt, 10–15 cm lang, wechselständig, Herbstfärbung gelb bis rot.
Blüte: Tiefgelb, 2–3 cm, gewellt, vierzählig, duftend, in Köpfchen; I–III.
Frucht: 2-klappige, verholzte Kapsel mit 2 schwarzen Samen.
Standort: Durchlässiger Boden, leicht sauer, im Halbschatten.
Verwendung: Einzelstand im Vorgarten oder Terrasse.
Weitere Arten und Sorten: 'Feuerzauber', rotorange (Bild). 'Jelena', gelb. 'Orange Beauty', orange. *H. japonica*.
Sonstiges: Auffällige Winterblüher. Veredlungen auf *H. japonica*.

Hamamelis mollis
Chinesische Zaubernuss
Hamamelidaceae, Zaubernuss-
gewächse

Heimat: China.
Wuchs: Breit ausladender Strauch, Triebe weich behaart, wechselständig.
Blatt: Oberseits graugrün, unten weich behaart, 8–12 cm lang, goldgelb im Herbst.
Blüte: Kronblätter gelb, innen rötlich, 2 cm lang, gerade, in Köpfchen; I–III.
Frucht: 2-klappige Kapsel, verholzt, 2 cm lang, Samen werden fortgeschleudert.
Standort: Humose, leicht saure Böden im Halbschatten.
Verwendung: Einzelstand im Vorgarten, Parkgehölz.
Sorten: 'Pallida', großblumig, gelb, duftend.
Sonstiges: Veredlungen auf *H. virginiana*.

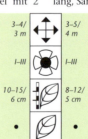

Hedera helix
Gewöhnlicher Efeu
Araliaceae, Araliengewächse

Heimat: Europa, Mittelmeergebiete bis zum Kaukasus.
Wuchs: Immergrüner Bodendecker und starker Kletterer. Haftwurzeln.
Blatt: Variabel, dunkelgrün, 3- bis 5-lappig, im Alter eiförmig zugespitzt, 4–10 cm lang.
Blüte: Gelbgrün, in Dolden im Herbst an älteren Trieben; IX–X.
Frucht: Kugelige, beerenartige Steinfrüchte, schwarz, giftig, reifen im Frühling.
Standort: Kräftige, humose, kalkhaltige Böden im Schatten.
Verwendung: Sehr guter Bodendecker, zur Begrünung von vertikalen Flächen aller Art.
Sorten: Rund 500 Sorten, z.B. 'Goldherz' (Bild), grün, gelbe Mitte. 'Wingertsberg', grün, im Winter rötlich.
Sonstiges: Wichtige Pflanze für die Grabgestaltung.

Hibiscus syriacus
Strauch-Eibisch
Malvaceae, Malvengewächse

Heimat: China und Indien.
Wuchs: Aufrechter Strauch, graue Triebe, wechselständige Knospen.
Blatt: 3-lappig, 5–10 cm lang, grob gezähnt, sommergrün, gelbes Herbstlaub.
Blüte: Trichterförmig, 10 cm groß, violett, im Sommer; VIII–IX.
Frucht: Kapsel 5-klappig, 2–3 cm lang, eiförmig, enthält viele feine Samen.
Standort: Nährstoffreiche, humose Gartenböden in voller Sonne.
Verwendung: Einzeln oder in Gruppen in Gärten und Parks.
Sorten: 'Coelestis', blauviolett. 'Totus Albus', reinweiß. 'Woodbridge', rubinrot. 'Russian Violet' (Bild). Gefüllte Blüten faulen bei Nässe rasch.
Sonstiges: Samenvermehrung, besser durch Veredlung. Schlecht verpflanzbar.

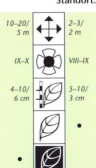

10–20/ 5 m	✧	2–3/ 2 m	
IX–X		VIII–IX	
4–10/ 6 cm		5–10/ 3 cm	
		•	
•			

Hydrangea paniculata
Rispen-Hortensie
Hydrangeaceae, Hortensiengewächse

Heimat: Japan, südöstliches China.
Wuchs: Aufrechter Strauch, in Japan auch Kleinbaum bis 10 m.
Blatt: Elliptisch bis eiförmig, 5–15 cm lang, zugespitzt, Basis keilig, mattgrün.
Blüte: In kegelförmigen, 15–20 cm langen Rispen, weiß, später altrosa, 3 cm breit; VII–IX.
Frucht: Unscheinbare Kapseln, braun.
Standort: Humose, leicht saure Böden im Halbschatten.
Verwendung: Einzeln oder in Gruppen im Hausgarten.
Sorten: 'Grandiflora', große Blüten bis in den Winter zierend, dann braun werdend.
Sonstiges: Dankbarer Blütenstrauch.

Ilex aquifolium
Gewöhnliche Stechpalme
Aquifoliaceae, Stechpalmengewächse

Heimat: Nordafrika, Europa bis China.
Wuchs: Breiter Strauch bis Kleinbaum, 10–12 m hoch, breitbuschig bis aufrecht. Borke hellgrau, glatt, jüngere Triebe grün mit wechselständigen Knospen.
Blatt: Immergrün, eiförmig bis lanzettlich, derb ledrig, am Rand gezähnt, bis 10 cm.
Blüte: 2-häusig, kleine, weiße Blüten in den Blattachseln, in Büscheln; V–VI.
Frucht: Steinfrüchte rot, kugelig, 1 cm groß, giftig!
Standort: Humose Böden im Schatten, gut in wintermildem Klima.
Verwendung: Einzeln oder als Hecke in Gärten und Parks.
Sorten: 'Alaska', 3–4 m. 'I.C. van Tol', fast stachelloses Laub, 5 m.
Sonstiges: Im Winter Schutz vor Sonne und Wind, auf Blatt-Minierfliege achten.

2(–10)/ 2 m	4–12/ 5 m
VII–IX	V–VI
5–15/ 5 cm	10/ 4 cm

Ilex crenata
Japanische Stechpalme
Aquifoliaceae, Stechpalmengewächse

Heimat: Japan.
Wuchs: Immergrüner Busch, 2–3 m hoch, breit wachsend.
Blatt: Elliptisch bis länglich lanzettlich, 2–3 cm lang, Blattbasis keilig, dunkelgrün.
Blüte: Weiß, vierzählig, zweihäusig, weibliche Blüten in kleinen Büscheln; V–VI.
Frucht: Glänzend schwarze, kugelige Steinfrucht, 6 mm groß.
Standort: Humose, leicht saure Böden im Halbschatten bei hoher Luftfeuchtigkeit.
Verwendung: Einzeln, auch als kleine Hecke im Garten und Park.
Sorten: 'Convexa', gebogene Blättchen. 'Stokes', niedrig.
Sonstiges: Geschützte, luftfeuchte Lagen.

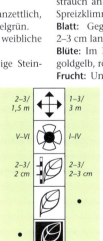

Jasminum nudiflorum
Winter-Jasmin
Oleaceae, Ölbaumgewächse

Heimat: West-China.
Wuchs: Überhängender Busch mit vierkantigen, grünen Trieben bis 1 m, als Spalierstrauch an Gerüsten gezogen bis 3 m hoch, Spreizklimmer.
Blatt: Gegenständig angeordnet, 3-zählig, 2–3 cm lang, dunkelgrün.
Blüte: Im Herbst vorgebildet, achselständig, goldgelb, röhrig, 2,5 cm lang, duftet nicht.
Frucht: Unscheinbare, schwarze Beeren, selten.
Standort: Durchlässige Gartenböden, sonnig bis halbschattig.
Verwendung: Auf Mauern und Böschungen, an Wänden als Winterblüher.
Sonstiges: Blüht in milden Wintern schon ab November. Stecklingsvermehrung einfach.

Kalmia latifolia
Breitblättrige Lorbeerrose,
Berglorbeer
Ericaceae, Heidekrautgewächse

Heimat: Östliche USA.
Wuchs: Breit aufrechter Strauch, in USA Kleinbaum bis 10 m Höhe.
Blatt: Wechselständig, elliptisch lanzettlich, 5–10 cm, beidseitig zugespitzt, immergrün, ledrig, unterseits hellgrün.
Blüte: Schüsselförmige, rosa Blüten in Trugdolden, 2,5 cm breit; V–VI.
Frucht: Braune Kapseln, 5 mm groß, wenig auffallend.
Standort: Frisch bis feuchte, humose, saure Böden im Halbschatten.
Verwendung: Einzelstellung im Heidegarten, zusammen mit Rhododendron.
Weitere Arten: *K. angustifolia*, schmalblättrig, bis 1 m hoch.
Sonstiges: Schönes, immergrünes Solitärgehölz, aber in allen Teilen giftig.

Kerria japonica
Kerrie, Ranunkelstrauch
Rosaceae, Rosengewächse

Heimat: Zentral-China.
Wuchs: Breit aufrecht wachsender Strauch, 2 m, viele Wurzelausläufer, Triebe hellgrün, im Alter braun, überhängend, kurzlebig, daher jährlicher Auslichtungsschnitt.
Blatt: Wechselständig, hellgrün, 5–6 cm lang, am Rand doppelt gesägt.
Blüte: Goldgelb, schalenförmig bis 3 cm groß, fünfzählig, entlang der Zweige; IV–V.
Frucht: Schwarzbraune 5 mm große Nüsschen, selten zu sehen.
Standort: Auf allen Gartenböden in sonniger und halbschattiger Lage.
Verwendung: Herrlicher Blütenstrauch für Gehölzgruppen oder unter Blütenbäumen.
Sorten: 'Pleniflora', dicht gefüllte, ranunkelartige Blüten.
Sonstiges: Ausbreitung durch in den Boden eingelassene Folien begrenzen.

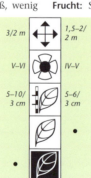

Koelreuteria paniculata
Rispiger Blasenbaum
Sapindaceae, Seifenbaumgewächse

Heimat: China, Korea, Japan.
Wuchs: Bis 6(–10) m hoher, breitkroniger Baum, braungraue, feinrissige Rinde.
Blatt: Unpaarig gefiedert bis 35 cm lang, dunkelgrün mit gelbem Herbstlaub. Einzelblättchen eiförmig länglich, gesägt und gelappt, 3–8 cm lang.
Blüte: Gelb, 1 cm groß, zu vielen in 30 cm langer Rispe über dem Laub; VII–VIII.
Frucht: Papierartig aufgeblasene Kapsel, 5 cm, grün-braun, mit schwarzen Samen.
Standort: Warme, sonnige Lagen auf allen guten Gartenböden.
Verwendung: Einzeln in Gärten und Parks. Geschützte Pflanzplätze.
Sonstiges: Auffällig durch die sommerliche Blüte.

Kolkwitzia amabilis
Kolkwitzie
Caprifoliaceae, Geißblattgewächse

Heimat: Zentral-China.
Wuchs: Breit aufrechter Strauch, überhängende Triebe, graubraun, mit abblätternder Rinde. Bildet viele Triebe aus der Basis. Gegenständig.
Blatt: Spitz eiförmig, 5–7 cm lang, schwach behaart, braunrote Herbstfärbung.
Blüte: Hellrosa Blüten, 2 cm, paarweise in Trugdolden, reich blühend; V–VI.
Frucht: Borstig behaarte Fruchtkapseln und sternförmige, rote Kelchblättchen bleiben lange am Strauch hängen.
Standort: Durchlässige Gartenböden in voller Sonne.
Verwendung: Einzeln oder in Gruppen, auch als frei wachsende Hecke in Gärten und Parks.
Sonstiges: Prächtiger, reich blühender Strauch. Keine Krankheiten oder Schädlinge, mäßiger Auslichtungsschnitt im Winter.

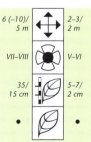

Laburnum anagyroides
Gewöhnlicher Goldregen
Fabaceae, Hülsenfrüchtler

Heimat: Südeuropa.
Wuchs: Mehrstämmiger Kleinbaum, bis 7 m hoch, trichterförmige Krone, überhängend. Rinde grün, glatt. Triebe anfangs seidig behaart, Knospen wechselständig.
Blatt: Dunkelgrün, 3-teilig, bis 8 cm lang, elliptisch zugespitzt, gestielt, unterseits seidig behaart.
Blüte: Goldgelb, 2 cm, an bis zu 20 cm langen, hängenden Trauben; V–VI.
Frucht: Flache Hülsen, 8 cm lang. Die braunen, linsenförmigen Samen sind stark giftig.
Standort: Durchlässige, kalkhaltige Böden in voller Sonne.
Verwendung: Gärten und Parks in Einzelstellung, nie an Kinderspielplätzen.
Weitere Art: *L. alpinum,* Alpen-Goldregen, kahle, ungestielte Blätter.
Sonstiges: Pflanze ist in allen Teilen giftig.

Lavandula angustifolia
Echter Lavendel
Lamiaceae, Lippenblütler

Heimat: Südeuropa.
Wuchs: Zwergstrauch, reich verzweigt, aufrecht, immergrün.
Blatt: Kreuzweise gegenständig, linealisch lanzettlich, 2–6 cm lang, grau-grün.
Blüte: Blauviolette Blüten, 1 cm, an lang gestielten Scheinähren im Sommer; VII–VIII.
Frucht: Kleine Nüsschen in köpfchenartigen Fruchtständen.
Standort: Lockere, sandige Böden in voller Sonne, wärmeliebend.
Verwendung: In Stein- und Rosengärten, auch als Schnitthecke für Einfassungen.
Sorten: 'Hidcote', großblütig, dunkelviolett. 'Munstead', breit wachsend.
Sonstiges: Geschützte Plätze. Rückschnitt nach der Blüte (Abschnitte für Duftkissen). Wichtige Nutzpflanze für die Kosmetik (Seifen, Duftwasser etc.).

6–7/ 3 m		0,2–0,6/ 0,4 m
V–VI		VII–VIII
8/ 6–14 cm		2–6/ 0,4 cm

Ligustrum vulgare
Gewöhnlicher Liguster, Rainweide
Oleaceae, Ölbaumgewächse

Heimat: Nordafrika, von Europa bis Kleinasien.
Wuchs: Hoher, reich verzweigter Strauch, graue Triebe, viele Lentizellen.
Blatt: Gegenständig, glänzend dunkelgrün, eiförmig lanzettlich, bis 8 cm lang.
Blüte: Weiße, duftende Röhrenblüten in dichten Rispen, Einzelblüte 4-zipfelig, 6 mm breit; VI–VII.
Frucht: Beerenfrüchte kugelig, schwarz, 8 mm groß, giftig.
Standort: Anspruchslos, für alle Böden und Lagen, verträgt auch starken Rückschnitt.
Verwendung: Hervorragende Heckenpflanze, für Böschungen und Feldhecken.
Sorten: 'Atrovirens', größere Blätter, wintergrün. 'Lodense', 50 cm hoch, für Dächer und Einfassungen, kleine Blätter im Herbst bronzebraun.
Sonstiges: Besonders anspruchsloser Bodenfestiger.

Liquidambar styraciflua
Amerikanischer Amberbaum
Hamamelidaceae, Zaubernussgewächse

Heimat: Südöstliche USA, Mittelamerika.
Wuchs: Hoher Baum bis 15(–45) m mit zuerst kegelförmiger Krone, später breiter. Borke dunkelgrau, tief gefurcht, Triebe mit unregelmäßigen Korkleisten.
Blatt: 5-lappig, 10–18 cm lang und breit, grün, im Herbst von gelb bis violett. Wechselständige Anordnung (Unterschied zu Ahornen).
Blüte: Einhäusig, männliche Blüten gelb, weibliche in kugeligen Köpfchen, hängend; IV–V.
Frucht: Geschnäbelte, verholzte Kapseln in hängendem Köpfchen, 2–3 cm dick.
Standort: Nährstoffreiche, sandig humose, leicht saure Böden in sonniger Lage.
Verwendung: Solitärgehölz in Gärten und Parks.
Sonstiges: Großartige Herbstfärbung.

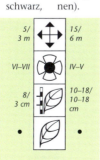

Lonicera × heckrottii
Feuer-Geißblatt
Caprifoliaceae, Geißblattgewächse

Heimat: Züchtung aus *L. americana* × *L. sempervirens*.
Wuchs: Schwach windender Strauch bis 4 m Höhe, Zweige hohl, kahl, braunrot.
Blatt: Gegenständig, länglich elliptisch, bis 6 cm lang, unterseits bläulich grün.
Blüte: Rot, innen gelb, duftend, 4–5 cm lang, röhrig lippig, in Quirlen; VI–IX.
Frucht: Rote, erbsengroße Beeren, giftig, halten lange.
Standort: Feuchtere, nährstoffreiche Böden im Halbschatten.
Verwendung: Kleinere Gerüste, Pergolen, Zäune, nie an Kinderspielplätze.
Sorten: 'Goldflame', Blüten dunkler.
Sonstiges: Blüten und Früchte oft gleichzeitig.

Lonicera henryi
Henrys Geißblatt, Immergrünes Geißblatt
Caprifoliaceae, Geißblattgewächse

Heimat: West-China.
Wuchs: Stark wachsender Schlinger, Zweige hohl, behaart.
Blatt: Immergrün, gegenständig, länglich lanzettlich zugespitzt, 4–9 cm lang.
Blüte: Trübrot, paarig angeordnet, 2 cm lang, röhrig 2–lippig; VI–VII.
Frucht: Schwarze, blau bereifte Beere, 6 mm groß, giftig.
Standort: Nährstoffreiche, humose Böden im Halbschatten und Schatten.
Verwendung: Lauben, Pergolen, Zäune, für ganzjährigen Sichtschutz.

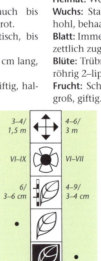

3–4/ 1,5 m	4–6/ 3 m
VI–IX	VI–VII
6/ 3–6 cm	4–9/ 3–4 cm
•	
	•

Lonicera tatarica
Tataren-Heckenkirsche
Caprifoliaceae, Geißblattgewächse

Heimat: Nördliches Europa bis Asien.
Wuchs: Breit aufrecht, Triebe hohl.
Blatt: Eiförmig lanzettlich, 3–6 cm lang, zugespitzt, unterseits bläulich grün.
Blüte: Weiß-rot, 2 cm lang, paarweise achselständig, 2–lippig; V–VI.
Frucht: Hellrote, kugelige Beeren, giftig.
Standort: Anspruchslos, für alle normalen Gartenböden in sonniger Lage.
Verwendung: Wind- und Sichtschutz in Parks, Unterpflanzungen, die Sorten auch einzeln.
Sorten: 'Arnold's Red', dunkelrot (Bild).

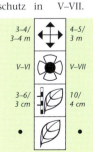

Lonicera × tellmanniana
Gold-Geißblatt
Caprifoliaceae, Geißblattgewächse

Heimat: Züchtung aus *L. sempervirens* × *L. tragophylla*.
Wuchs: Stark wachsender Schlinger, olivbraune Triebe kahl und hohl.
Blatt: Tiefgrün, elliptisch zugespitzt, bis 10 cm lang, unterseits weißlich bereift, oberstes Blattpaar zu einer Scheibe verwachsen.
Blüte: Orangegelb, 5 cm lang, röhrenförmig, Krone 2–lippig, in endständigen Quirlen; V–VII.
Frucht: Rote Beeren in endständigen Trauben, giftig.
Standort: Humose Gartenböden im Halbschatten.
Verwendung: Für Pergolen und Zäune.
Sonstiges: Reich blühender Schlinger, remontiert.

Magnolia kobus
Kobushi-Magnolie
Magnoliaceae, Magnolien-
gewächse

Heimat: Japan.
Wuchs: Großstrauch oder Kleinbaum, aufstrebend, Triebe kahl, grau.
Blatt: Verkehrt eiförmig, 6–12 cm lang, zugespitzt, Basis keilförmig, dunkelgrün.
Blüte: Weiß, duftend, 10 cm breit, mit 6–8 Petalen, sternförmig; IV–V.
Frucht: Walzenförmige, zapfenartige Früchte, 7–10 cm, mit roten Samen.
Standort: Humose, leicht saure Böden im Halbschatten.
Verwendung: Einzeln im Hausgarten oder Park.
Sonstiges: Vollblüte erst nach dem 10. Standjahr.

Magnolia stellata
Stern-Magnolie
Magnoliaceae, Magnolien-
gewächse

Heimat: Japan.
Wuchs: Breit kugeliger Busch, langsam wachsend, dicht behaart.
Blatt: Wechselständig, schmal elliptisch, bis 10 cm lang, grün, im Herbst braun.
Blüte: Weiß, 8–10 cm groß, duftend, mit 12–18 schmalen Petalen; III–IV.
Frucht: Zapfenförmig, 5 cm lang, enthält wenige, erbsengroße, rote Samen.
Standort: Humose, durchlässige Gartenböden in sonnigen Lagen, geschützter Stand.
Verwendung: Einzeln in Vorgärten, an der Terrasse.
Weitere Sorten und Arten: 'Rubra', Blüten purpurrosa. *M. × loebneri* (*M. kobus* × *M. stellata*) wächst etwas stärker, frühe Blüte.
Sonstiges: Blüht schon als junge Pflanze reichlich, langsamer Wuchs.

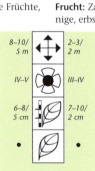

8–10/5 m | 2–3/2 m
IV–V | III–IV
6–8/5 cm | 7–10/2 cm

Mahonia aquifolium
Gewöhnliche Mahonie
Berberidaceae, Berberitzengewächse

Heimat: Westliches Nordamerika.
Wuchs: Aufrecht, durch Wurzeltriebe breitbuschig, Holz innen gelb.
Blatt: Wechselständig, immergrün, bis 20 cm lang, unpaarig gefiedert, 5- bis 11-zählig, Einzelblättchen 4–8 cm lang, unterseits heller, am Blattrand mit Stachelzähnen.
Blüte: Gelb, 1 cm groß, in aufrechten, dichten Trauben, end- oder achselständig; IV–V.
Frucht: Blaubereifte, längliche Beeren, 1 cm lang.
Standort: Kräftige, lehmig humose Gartenböden in voller Sonne und Halbschatten.
Verwendung: In Gruppen, einzeln, oder als Heckenpflanze, auch geschnitten. Kranzbinderei.
Sorten: 'Apollo', frosthärter, im Winter rötliche Blattfärbung.
Sonstiges: Auf Mehltau achten.

Malus floribunda
Vielblütiger Apfel
Rosaceae, Rosengewächse

Heimat: Japan
Wuchs: Kleinkroniger Baum, 5(–10) m, weit abstehende Zweige, vieltriebig.
Blatt: Wechselständig, dunkelgrün, eiförmig zugespitzt, 6–8 cm, unten behaart.
Blüte: Knospen karminrot, geöffnet 2–3 cm groß, rosa, später weiß in wenig blütigen Trugdolden; IV–V.
Frucht: Klein, gelb, erbsengroße Apfelfrüchte.
Standort: Lehmige, nährstoffreiche Gartenböden in sonniger Lage.
Verwendung: Einzeln oder in Gruppen in Gärten und Parks, auch als Formhecke.
Sonstiges: Dichter Wuchs, schnittverträglich. Auch starker Rückschnitt.

1/ 0,8 m	5/ 4 m
IV–V	IV–V
20/ 12 cm	6–8/ 5 cm

Malus sieboldii
Zierapfel
Rosaceae, Rosengewächse

Heimat: Züchtung aus *M. baccata* var. *mandshurica* × *M. toringo*.
Wuchs: Kleinbaum mit kegelförmiger Krone, 4 m, junge Triebe leicht behaart.
Blatt: Eiförmig, 3–9 cm lang, zugespitzt, leicht behaart.
Blüte: Rosa Knospen, aufgeblüht weiß, 3 cm breit, Stiele behaart; V.
Frucht: Kugelige Apfelfrucht, orangerot, 1 cm dick, langstielig.
Standort: Lehmige, nährstoffreiche Gartenböden in sonniger Lage.
Verwendung: Einzelstellung in Gärten und Parks.
Sorten: 'Professor Sprenger', schöner Blütenbaum, viele orangerote Früchte. 'Wintergold', goldgelbe Früchte.
Sonstiges: Viele weitere Sorten bekannt.

Paeonia-Suffruticosa-Gruppe
Strauch-Päonie
Paeoniaceae, Pfingstrosengewächse

Heimat: Bhutan, Nordwest-China, Tibet.
Wuchs: Kleinstrauch, aufrecht, mit dicken Trieben, kahl.
Blatt: Doppelt 3-zählig gefiedert, 10–25 cm breit, unten bläulich grün.
Blüte: Einzeln, aufrecht, 10–25 cm breit, weiß, rosa, violett, je nach Sorte; V–VI.
Frucht: 5-klappige Balgfrucht, braun, behaart, mit schwarzen Samen.
Standort: Nährstoffreiche, humos saure Böden in voller Sonne, vor Spätfrösten schützen.
Verwendung: Einzeln in Haus- und Vorgärten, vor Mauern, zu Stauden.
Sorten: 'Reine Elisabeth', rosa gefüllt. 'Thunderbolt', dunkelrot (Bild).
Sonstiges: Winterschutz empfehlenswert.

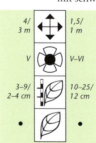

Parrotia persica
Eisenholz, Parrotie
Hamamelidaceae, Zaubernussgewächse

Heimat: Nord-Iran.
Wuchs: Breit aufrechter Strauch bis Kleinbaum, mehrstämmig. Borke grau, glatt, schuppig abblätternd, Triebe oliv, Knospen schwarz, filzig.
Blatt: Wechselständig, elliptisch, 6–14 cm lang, 3–8 cm breit, dunkelgrün, im Herbst orange.
Blüte: Endständige Köpfchen, rote Staubbeutel. Blütezeit vor dem Austrieb; III–IV.
Frucht: 4-klappige, gehörnte, filzige Kapsel, 1 cm lang, hellbraune Samen.
Standort: Durchlässige Gartenböden in voller Sonne.
Verwendung: Einzelstellung an besonderen Plätzen, Wegen, Terrassen.
Sonstiges: Frosthart, wärmeliebend, stadtklimafest, nicht krankheitsanfällig

Parthenocissus quinquefolia
Gewöhnliche Jungfernrebe
Vitaceae, Weinrebengewächse

Heimat: Östliche USA.
Wuchs: Stark wachsender Kletterer, mit Haftscheiben.
Blatt: Dunkelgrün, 5-teilig gelappt, 10–25 cm groß, wechselständig, unterseits bläulich bereift, im Herbst scharlachrot.
Blüte: Unscheinbar, weiß bis grünlich weiß, an Rispen im Sommer; VII–VIII.
Frucht: Schwarze Beerenfrüchte 5–7 mm groß.
Standort: Durchlässige, kalkhaltige Gartenböden in voller Sonne.
Verwendung: Klettert in Bäumen, an Mauern, Pergolen usw.
Varietät: *P. quinquefolia* var. *engelmannii,* Ranken mit Haftscheiben, wichtiger Selbstklimmer. Häufiger in Kultur als die Art, vielseitigere Verwendung.

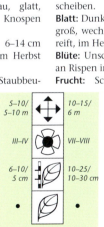

Parthenocissus tricuspidata
Dreilappige Jungfernrebe
Vitaceae, Weinrebengewächse

Heimat: Japan, Korea, China.
Wuchs: Stark wachsender Selbstklimmer mit Haftscheiben.
Blatt: Lang gestielt, 3-spitzig, 10–20 cm, glänzend grün, im Herbst scharlachrot. Die dachziegelartige Überlappung der Blätter bildet einen dichten Pelz.
Blüte: Gelblich grün, unscheinbar, in Trugdolden, achselständig, zwittrig; VI–VII.
Frucht: Blauschwarze Beere, 5–8 mm groß.
Standort: Tiefgründige Böden in allen Lagen, auch im Schatten.
Verwendung: Für Pergolen, Mauern aller Art, rasch kletternd, auch ohne Gerüst.
Sorten: 'Veitchii', wichtigste Sorte, wird auf *P. quinquefolia* veredelt.
Sonstiges: Nach dem Laubfall ist auch das Zweiggerüst eine Zierde. Sonne kann im Winter die Mauern erwärmen. Im Sommer werden die Wände beschattet.

Philadelphus coronarius
Falscher Jasmin,
Gewöhnlicher Pfeifenstrauch
Hydrangeaceae, Hortensiengewächse

Heimat: Südeuropa.
Wuchs: Straff aufrechter Strauch, Triebe braun und kahl, verborgene Knospen, Zweige mit weißem Mark.
Blatt: Eiförmig zugespitzt, 4–10 cm lang, dunkelgrün, gegenständig angeordnet.
Blüte: Rahmweiß in endständigen Trauben, 3 cm breit, vierzählig, stark duftend; V–VI.
Frucht: 4-klappige Kapsel, 5–10 mm, braun.
Standort: Tiefgründige, humose, kalkreiche Gartenböden in sonnigen Lagen.
Verwendung: Einzeln, in Gruppen oder als Blütenhecke.
Sorten: 'Zeyheri', reich blühend. Viele weitere Gartensorten, auch mit gefüllten Blüten.
Sonstiges: Dichtfilziges Wurzelwerk, vor der Blüte düngen und wässern.

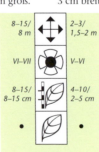

Philadelphus × lemoinei
Niedriger Pfeifenstrauch
Hydrangeaceae, Hortensiengewächse

Heimat: Züchtung aus *P. coronarius* × *P. microphyllus*.
Wuchs: Breitbuschig, niedrig, leicht überhängend, Triebe braun, abblätternd, mit weißem Mark gefüllt, Knospen gegenständig.
Blatt: Schmal eiförmig, zugespitzt, 3–4 cm lang, Rand gezähnt, grün.
Blüte: Weiß, duftend, einfach oder gefüllt, in endständigen Trauben je nach Sorte; VI–VII.
Frucht: Unscheinbare, braune Kapsel.
Standort: Gute Gartenböden in voller Sonne.
Verwendung: Einzeln, in Gruppen, gute Blütenhecke, für Vorgärten und Steingärten.
Sorten: 'Dame Blanche', schwach gefüllt. 'Erectus', aufrecht, weiß.
Sonstiges: Herrlicher Blütenstrauch.

Pieris floribunda
Vielblütige Lavendelheide
Ericaceae, Heidekrautgewächse

Heimat: Östliche USA.
Wuchs: Immergrüner, dichtbuschiger Strauch, dicht verzweigt. Ältere Pflanzen haben einen lockeren Habitus. Langsam wachsend.
Blatt: Elliptisch, zugespitzt, 3–8 cm lang, unterseits bräunlich.
Blüte: Weiß, krugförmig an aufrechten Rispen, 6–12 cm lang; IV–V.
Frucht: Runde Kapseln, 5–6 mm lang.
Standort: Saure bis neutrale, nicht zu nährstoffreiche Humusböden im Halbschatten und Schatten.
Verwendung: Einzeln im Moorbeet, gut zu Rhododendren, auch unter Bäumen.

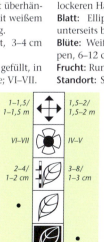

1–1,5 / 1–1,5 m	1,5–2 / 1,5–2 m
VI–VII	IV–V
2–4 / 1–2 cm	3–8 / 1–3 cm

Pieris japonica

Japanische Lavendelheide
Ericaceae, Heidekrautgewächse

Heimat: Japan.
Wuchs: Immergrüner, breiter Busch, unregelmäßige Aststellung.
Blatt: Länglich lanzettlich, glänzend, 3–8 cm lang, zugespitzt, wechselständig. An den Triebenden gehäuft, Austrieb rosa bis kupferrot, giftig.
Blüte: Im Herbst vorgebildet, hängende Blütenrispen 12–15 cm lang, Einzelblüte eiförmig, weiß oder rosa, 1 cm groß; III–V.
Frucht: Braune Kapselfrucht, 5–6 mm groß, enthält viele feine Samen.
Standort: Kalkfreie, humose Böden im Schatten, etwa unter Nadelbäumen.
Verwendung: Frühlingsecke im Moorbeet, zu Rhododendren. Nicht für Kinderspielplätze.
Sorten: 'Daisen', rosa. 'Forest Flame', Austrieb rot (Bild).
Sonstiges: Ganze Pflanze ist giftig!

Potentilla fruticosa
Gewöhnlicher Fingerstrauch
Rosaceae, Rosengewächse

Heimat: Nördliche Halbkugel: Europa, Asien, Amerika.
Wuchs: Breitbuschiger, vieltriebiger Kleinstrauch, braune Rinde.
Blatt: Wechselständig, 3- bis 7-zählig gefingert oder gefiedert, 2–4 cm lang, behaart.
Blüte: Meist goldgelb, 2–3 cm große Schalenblüte; VI–X.
Frucht: Trockene, einzeln abfallende Nüsschen, braune Kapseln.
Standort: Geringe Ansprüche an Boden, trockene, auch sandige Böden in voller Sonne.
Verwendung: Einzeln, in Gruppen oder ungeschnittene, niedere Hecken und Einfassungen.
Sorten: 'Abbotswood', weiß. 'Arbuscula', goldgelb. 'Red Robin', rot.
Sonstiges: Schnittverträglich, gesunder Dauerblüher.

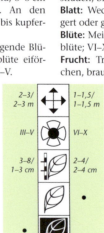

Prunus cerasifera 'Nigra'
Blut-Pflaume
Rosaceae, Rosengewächse

Heimat: Sorte aus europäischer Wildart.
Wuchs: Großstrauch oder Kleinbaum, oft mehrstämmig, ausladende Krone, 5–7 m.
Blatt: Elliptisch bis verkehrt eiförmig, 4–6 cm lang, spitz, schwarzrot.
Blüte: Blassrosa Schalenblüten, 1,5 cm breit; IV.
Frucht: Rundliche Steinfrüchte, 3 cm breit, rot, essbar.
Standort: Tiefgründige, kalkreiche Böden in voller Sonne.
Verwendung: Einzelstellung in größeren Gärten und Parks.
Weitere Arten: *P. × cistena*, Zwerg Blut-Pflaume, nur 2–3 m hoher Strauch, weiße Blüten (Bild).
Sonstiges: Interessante Laubfarbe, die nicht verblasst.

Prunus laurocerasus
Lorbeer-Kirsche, Kirschlorbeer
Rosaceae, Rosengewächse

Heimat: Ost-Balkan, Vorderasien, Kaukasus.
Wuchs: Immergrüner, breiter Strauch, Rinde grau.
Blatt: Wechselständig, breit lanzettlich, zugespitzt, derb ledrig, glatt, bis 12 cm lang.
Blüte: Weiß, 5-zählig, über 1 cm groß, duftend, in aufrechten, bis 12 cm langen Blütentrauben. Nachblüte im Herbst; IV–V, IX.
Frucht: Kugelige Steinfrüchte, 8 cm groß, schwarzrot, blausäurehaltiger, giftiger Kern.
Standort: Lehmig humose Gartenböden im Halbschatten und Schatten.
Verwendung: Gruppenweise oder als Hecken, wichtig für die Kranzbinderei.
Sorten: 'Mischeana' und 'Zabeliana', breit wachsend, 1–1,5 m hoch, 3–4 m breit. 'Otto Luyken', aufrecht, 0,8–1,5 m hoch, 2–4 m breit, schmales Laub (Bild).
Sonstiges: Giftpflanze.

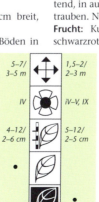

5–7/ 3–5 m		1,5–2/ 2–3 m
IV		IV–V, IX
4–12/ 2–6 cm		5–12/ 2–5 cm

Prunus padus
Gewöhnliche Trauben-Kirsche
Rosaceae, Rosengewächse

Heimat: Europa bis Asien.
Wuchs: Strauch- bis baumförmig, 10–15 m hoch, schlank. Knospen dunkel, spitz. Borke grauschwarz, helle Lentizellen, duftet unangenehm nach Bittermandeln.
Blatt: Verkehrt eiförmig, 6–12 cm lang, zugespitzt, runzelig, stumpfgrün, unterseits blaugrün. Am Blattstiel 2 Nektardrüsen.
Blüte: Weiß, 1–2 cm breit, in 10–20 cm langen, hängenden Trauben; IV–V.
Frucht: Steinfrüchte glänzend schwarz, erbsengroß, bitter, nicht giftig.
Standort: Frischer bis feuchter Boden in Sonne und Halbschatten.
Verwendung: Einzeln oder in Gruppen an Bach- und Seeufern, Parks.
Ähnliche Art: *P. serotina*, Späte Traubenkirsche aus USA, glänzendes, gelbes Herbstlaub.

Prunus sargentii
Berg-Kirsche, Ostasiatische Wild-Kirsche
Rosaceae, Rosengewächse

Heimat: Japan, Korea, Sachalin.
Wuchs: Breit ausladende Krone, bis 15 m hoch, oft mehrstämmig. Borke rötlich braun, glatt, mit vielen Lentizellen, wechselständige Knospen.
Blatt: Elliptisch zugespitzt, dunkelgrün, unterseits bläulich, Austrieb bronzefarben, 6–12 cm lang, scharlachrote Herbstfärbung, am Blattstiel 2 Nektardrüsen.
Blüte: Zartrosa, zu 2–4 in sitzenden Dolden, 4 cm groß; IV–V.
Frucht: Kleine, 10 mm rote Steinfrüchte im Herbst.
Standort: In kräftigen, lehmig humosen Gartenböden.
Verwendung: Einzeln oder in Gruppen in Hausgärten und Parks.
Sorten: 'Accolade', (*P. sargentii* × *P. subhirtella*), Kleinbaum, Blüten rosa, halbgefüllt.

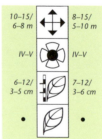

Prunus subhirtella
Higan-Kirsche, Japanische Blüten-Kirsche
Rosaceae, Rosengewächse

Heimat: Japan, nur aus Kultur bekannt.
Wuchs: Zierlicher, kleinkroniger Baum, oft nur strauchig wachsend.
Blatt: Bis 9 cm lang, eiförmig zugespitzt, grün, im Herbst gelbbraun, Knospen wechselständig, am Blattstiel 2 Nebenblättchen.
Blüte: Hellrosa, 3 cm groß, vor dem Austrieb; III–IV.
Frucht: Kleine Steinfrüchte, kugelig, schwarz, 8 mm groß.
Standort: Lehmig humose Gartenböden in voller Sonne.
Verwendung: Einzeln oder in Gruppen, für kleinere Gärten.
Sorten: 'Autumnalis', bis 5 m hoch, Blütenbeginn im Herbst, Hauptblüte im April (Bild). 'Fukubana', rosa, halbgefüllt. 'Pendula Rubra', rosa gefüllte Hängeform.
Sonstiges: Herbstfärbung.

Prunus triloba
Mandelbäumchen
Rosaceae, Rosengewächse

Heimat: China.
Wuchs: Breit aufrecht, dichtbuschig, mit steifen Trieben, Zweige rotbraun.
Blatt: Elliptisch, zugespitzt, schwach dreilappig, 4–9 cm lang. Am Blattstiel kleine Nebenblättchen.
Blüte: Rosettenförmig, rosa gefüllt, 3–4 cm groß, erscheinen über die gesamte Länge der vorjährigen Triebe; III–IV.
Frucht: Steinfrucht, selten.
Standort: Kräftige, tiefgründige Gartenböden in sonnigen Lagen.
Verwendung: Einzeln in Vorgärten, Hausgärten und Parks, Treibgehölz, Schnittstrauch.
Sonstiges: Verblühte Triebe sofort nach der Blüte stark zurückschneiden, ebenso auf Austriebe der Unterlage achten.

	Prunus subhirtella	Prunus triloba
Höhe	4–6/4–6 m	1,5–3/1,5–2 m
Blütezeit	III–IV	III–IV
Blattgröße	5–9/2–3 cm	4–9/2,5–5 cm

Pyracantha coccinea
Mittelmeer-Feuerdorn
Rosaceae, Rosengewächse

Heimat: Südeuropa, Südwestasien.
Wuchs: Breit aufrecht, sparrig verzweigt, bis 3 m hoher, undurchdringlicher Großstrauch. Grauschwarze Triebe mit steifen Dornen, wechselständig.
Blatt: Elliptisch, zugespitzt, 2–4 cm lang, glänzend grün, immergrün.
Blüte: Weiß, 8 mm breit, in vielblütigen Doldenrispen; V–VI.
Frucht: Apfelfrüchte, meist orange, 5–6 mm groß, lang haftend.
Standort: Durchlässige, humose Gartenböden im Halbschatten.
Verwendung: Einzeln, in Gruppen oder als frei wachsende Fruchthecke in Gärten und Parks.
Sorten: 'Bad Zwischenahn', orange. 'Orange Glow', orange. 'Soleil d'Or', gelb (Bild).
Sonstiges: Feuerbrand gefährdet, frostempfindlich.

Rhododendron catawbiense
Catawba-Rhododendron
Ericaceae, Heidekrautgewächse

Heimat: Östliches Nordamerika.
Wuchs: Breitbuschiger Strauch, immergrün, dicht verzweigt.
Blatt: Elliptisch bis länglich, 6–12 cm lang, zugespitzt, glänzend grün.
Blüte: Violett, trichterförmig, 5–6 cm groß, zu 15–20 in dichtem Blütenstand; V–VI.
Frucht: 5-teilige, braune, verholzte Kapsel.
Standort: Saure, lehmig humose Böden im Halbschatten.
Verwendung: Einzeln, in Gruppen oder als frei wachsende, dichte Blütenhecke.
Sorten: 'Grandiflorum', lila, großblumig, gut winterhart. 'Cunningham's White', weiß, hart. 'Humboldt', hellpurpur, rote Zeichnung, hart. 'Queen Mary', rot.
Sonstiges: Schäden durch Dickmaulrüssler und Welkepilze möglich. Giftig.

2–3/ 2–3 m	3,5–6/ 2,5–4 m
V–VI	V–VI
2–4/ 0,7–2 cm	6–12/ 5 cm

Rhododendron degronianum subsp. yakushimanum
Yakushima-Rhododendron
Ericaceae, Heidekrautgewächse

Heimat: Japan, Insel Yakushima.
Wuchs: Immergrüner, dichter, breiterer als höherer, kissenförmiger Strauch.
Blatt: Schmal elliptisch, 12–18 cm lang, am Rand stark eingerollt, oberseits dunkelgrün, unterseits weiß- bis gelbbraun filzig.
Blüte: Röhrig glockig, 6–8 cm breit, rosa, später weiß, 5–10 in Doldentrauben; V.
Frucht: 5-teilige Kapsel, filzig behaart.
Standort: Saure, humose Böden im Halbschatten.
Verwendung: Einzeln oder in Gruppen, in Silikat-Steingärten, Vorgärten und Parks.
Sorten: 'Anuschka', bis 0,8 m, rosa bis weiß. 'Astrid', 1–1,5 m hoch, reinrot.
Sonstiges: Reich blühende, dicht wachsende Blütengehölze. Liebhaberpflanzen.

Rhododendron forrestii Repens-Gruppe
Zwerg-Rhododendron
Ericaceae, Heidekrautgewächse

Heimat: Züchtung aus *R. forrestii* var. *repens*, China und Tibet.
Wuchs: Breitbuschiger, immergrüner Strauch, dicht.
Blatt: Elliptisch, dunkelgrün, 4–8 cm lang.
Blüte: Dunkelrot, 6–7 cm große Trichterblüten, dichte Doldentraube; IV.
Frucht: 5-teilige Kapsel, unscheinbar.
Standort: Humose, saure, nährstoffreiche Gartenböden im Halbschatten.
Verwendung: Vorgärten, Gräber, Schalen und Steingärten.
Sorten: 'Baden-Baden', scharlachrot, 1 m hoch. 'Frühlingszauber', leuchtend rot, 0,6 m hoch, aber breiter. 'Scarlet Wonder', scharlachrot, 0,6 m, alle winterhart.
Sonstiges: Viele Züchtungen durch Dietrich Hobbie.

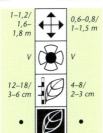

	Rh. degronianum	Rh. forrestii
Höhe/Breite	1–1,2 / 1,6–1,8 m	0,6–0,8 / 1–1,5 m
Blüte	V	V
Blatt	12–18 / 3–6 cm	4–8 / 2–3 cm

Rhododendron molle subsp. japonicum
Japanische Azalee
Ericaceae, Heidekrautgewächse

Heimat: Japan.
Wuchs: Breit aufrecht wachsender Strauch, sparrig verzweigt, Triebe braun.
Blatt: Länglich lanzettlich, sommergrün, bis 10 cm lang, Unterseite bläulich grün, im Herbst gelb bis rot, giftig.
Blüte: Trichterförmig, 6–8 cm breit, mit 5 Kronlappen, in Büscheln an den Triebenden; V. Farben je nach Sorte gelb, rosa oder orange.
Frucht: 5-teilige Kapsel, braun.
Standort: Humose, leicht saure, durchlässige Böden, sonnige und halbschattige Lagen.
Verwendung: Einzeln oder in Gruppen für Vorgärten, Hausgärten, Parks.
Sorten: Viele Hybriden mit anderen Arten, unzählige Sorten.
Sonstiges: Unentbehrliches Blütengehölz.

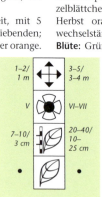

Rhus hirta (Syn. R. typhina)
Essigbaum, Kolben-Sumach
Anacardiaceae, Sumachgewächse

Heimat: Östliches Nordamerika.
Wuchs: Breit, straff aufrecht wachsender Strauch, oft mehrstämmig, graubraune Rinde, Jungtriebe samtig behaart, treibt viele Wurzelausläufer, brüchiges Holz.
Blatt: Unpaarig gefiedert, bis 50 cm lang, Einzelblättchen 5–12 cm lang, hellgrün, im Herbst orange bis scharlachrot, Knospen wechselständig.
Blüte: Grünlich weiß in dichten, endständigen Rispen, 15–20 cm lang, zweihäusig; VI–VII.
Frucht: Steinfrucht. Scharlachrote, kolbenartige Fruchtstände, zieren jahrelang.
Standort: Normaler Gartenboden in sonniger Lage.
Verwendung: Im Einzelstand im Garten und Park.
Sorten: 'Dissecta', 3 m hoch und breit, geschlitzte, farnartige Blätter.
Sonstiges: Kann durch Ausläufer lästig werden.

Ribes sanguineum
Blut-Johannisbeere
Grossulariaceae, Stachelbeergewächse

Heimat: Westliches Nordamerika.
Wuchs: Breit aufrechter, Strauch, ältere Zweige rotbraun.
Blatt: Rundlich, 5–10 cm breit, 3- bis 5-lappig, Basis herzförmig, oberseits runzelig.
Blüte: In hängenden Trauben, bis 8 cm lang, Einzelblüte röhrig glockig, rosarot; IV–V.
Frucht: Schwarze, blau bereifte, längliche Beere, 7–9 mm lang.
Standort: Nährstoffreiche Gartenböden in sonnigen Lagen.
Verwendung: Hausgärten, Parkanlagen, im Einzelstand oder in Gruppen.
Sorten: 'King Edward VII', rot, reich blühend, gedrungen.
Sonstiges: Prächtiges Blütengehölz, gut zu Spiersträuchern.

Rosa gallica
Essig-Rose, Gallische Rose
Rosaceae, Rosengewächse

Heimat: Süd- und Mitteleuropa.
Wuchs: Aufrecht, gedrungen. Kriechende Ausläufer. Zweige stumpfgrün, Stacheln verschieden groß, gerade oder gekrümmt, auch Stachelborsten.
Blatt: Unpaarig gefiedert, 6–12 cm lang, ledrig, Blättchen oval, 2–6 cm lang, oben rau.
Blüte: Leuchtend hell- bis dunkelrot, 4–6 cm breit, einzeln, an drüsigen Stielen; VI–VII.
Frucht: Hagebutte ziegelrot, rundlich, 1,5 cm lang, drüsig borstig.
Standort: Magere und nährstoffreiche Kalkböden in sonniger Lage.
Verwendung: Einzeln in größeren Anlagen und Parks.
Sorten: 'Versicolor', Blüten weiß-rosa gestreift und gescheckt (Bild).
Sonstiges: Stammpflanze vieler Gartenrosen.

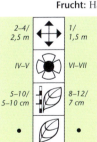

Rosa-Gartenrosen
Bodendeckerrosen
Rosaceae, Rosengewächse

Heimat: Züchtung.
Wuchs: Flach ausgebreitet mit bogigen, später niederliegenden Trieben.
Blatt: Unpaarig gefiedert, glänzend dunkelgrün, derb, 6–10 cm lang.
Blüte: Schalenförmig, 2 cm, je nach Sorte in Rosa, Rot oder Weiß in vielblütigen Rispen an den Triebenden; VI–IX.
Standort: Lehmig humose Böden in Sonne und Halbschatten.
Verwendung: Flächig (1 Pflanze/m²), an Böschungen, Verkehrsinseln, im Hausgarten.
Sorten: 'Immensee', rosa. 'Weiße Immensee', kleine, weiße Blüten (Bild).
Sonstiges: Pflegeleicht.

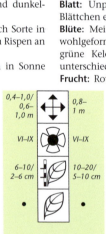

0,4–1,0/ 0,6–1,0 m
0,8–1 m
VI–IX
VI–IX
6–10/ 2–6 cm
10–20/ 5–10 cm

Rosa-Gartenrosen
Edelrosen, Teehybriden
Rosaceae, Rosengewächse

Heimat: Züchtung.
Wuchs: Aufrecht, breitbuschig, ältere Triebe braun, viele Stacheln.
Blatt: Unpaarig gefiedert, 5– bis 7–zählig, Blättchen eiförmig, 4–8 cm lang, glänzend.
Blüte: Meist gefüllt, einzeln am Triebende, wohlgeformte Knospen, geschützt durch 5 grüne Kelchblätter. Farben je nach Sorte unterschiedlich, weiß bis schwarzrot; VI–IX.
Frucht: Rot bis orangerote Hagebutten, enthalten viele harte Samen.
Standort: Nährstoffreiche, lehmig humose Gartenböden in voller Sonne.
Verwendung: Besondere Rosenbeete, Schnittpflanze.
Sorten: 'Escapade', rosa. 'Gloria Dei', goldgelb, gesund (Bild). Viele Sorten (siehe Spezialkataloge).
Sonstiges: Auf Krankheiten und Schädlinge achten, sehr anspruchsvoll. Okulation auf *Rosa canina*.

Rosa-Gartenrosen
Beetrosen
Rosaceae, Rosengewächse

Heimat: Züchtung.
Wuchs: Je nach Sorte strauchförmig, buschig bis gedrungen.
Blüte: Viele Sorten in Rot, Rosa, Weiß und Gelb, meist gefüllt und remontierend.
Polyantha-Hybriden: Mehrblumige Doldenrispen mit eher einfachen bis halbgefüllten Blüten. **Sorten:** 'Lampion', blutrot, einfach, 0,5 m. 'Marlena', dunkelrot, gefüllt, 35 cm.
Floribunda-Rosen: Edelrosenförmige Blüten. **Sorten:** 'Edelweiß', cremeweiß, gefüllt, 40 cm. 'Friesia', gelb, gefüllt, 70 cm (Bild). 'Pußta', blutrot, 60 cm.
Floribunda-Grandiflora-Rosen: Besonders großblumig: 'Duftwolke', rot gefüllt, 60 cm.
Standort: Nährstoffreiche, lehmig humose Gartenböden in voller Sonne.
Verwendung: Rosenbeete, aber auch zu niederen Stauden und Gräsern im Hausgarten.
Sonstiges: Hoher Pflegeaufwand.

Rosa-Gartenrosen
Kletterrosen
Rosaceae, Rosengewächse

Heimat: Züchtung.
Wuchs: Aufrecht, stark überhängend bis kletternd.
Blüte: Einfach bis gefüllt, unterschiedliche Farben, je nach Sorte. Meist remontierend; VI–IX.
Frucht: Orangerote Hagebutten (Sammelfrucht), 2–4 cm.
Standort: Nährstoffreiche Gartenböden in voller Sonne bis Halbschatten.
Verwendung: Braucht als Spreizklimmer eine Rankhilfe, z.B. Pergolen, Gerüste, Rosenbögen.
Sorten: 'Sympathie', scharlachrot, gefüllt, reich blühend, remontiert (Bild).
Sonstiges: In vielen Farben erhältlich, siehe Spezialkataloge.

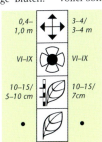

Rosa-Gartenrosen Strauchrosen
Rosaceae, Rosengewächse

Heimat: Züchtung.
Wuchs: Straff aufrecht bis überneigend, je nach Sorte, Triebe stark bestachelt.
Blatt: Unpaarig gefiedert, glänzend grün, 15 cm lang.
Blüte: Je nach Sorte weiß, gelb, rosa oder rot, einfach bis gefüllt; VI–X. Es gibt einmalblühende und remontierende Sorten.
Frucht: Auffällige Hagebutten von 2–4 cm, orangerot.
Standort: Nährstoffreiche Gartenböden in voller Sonne.
Verwendung: Einzeln oder in Gruppen in Hausgärten und Parks.
Sorten: 'Lichtkönigin Lucia', zitronengelb, locker gefüllt, 8–10 cm breit (Bild).
Sonstiges: Herrliche Blütensträucher, einmalblühende oder remontierende Sorten, letztere mit einer Nachblüte im Spätsommer.

Rosa multiflora
Vielblütige Rose
Rosaceae, Rosengewächse

Heimat: Japan und Korea.
Wuchs: Dichter Busch, Triebe überneigend, kaum bestachelt.
Blatt: Unpaarig gefiedert, 5–12 cm lang, 7–9 Blättchen, elliptisch, 2–6 cm lang, oberseits glänzend grün, unten matt, Nebenblätter kammförmig geschlitzt.
Blüte: Weiß, zahlreich in kegelförmigen Rispen, 2 cm breit, duftend; VI–VII.
Frucht: Hagebutten (Sammelfrucht) klein, oval, 5 mm lang, orange, werden reichlich gebildet.
Standort: Normale Gartenböden in voller Sonne und Schatten.
Verwendung: Parks, Straßenbegleitgrün, Hecken.
Sonstiges: Anspruchsloses Vogelnähr- und Windschutzgehölz.

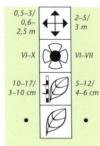

Rosa rugosa
Kartoffel-Rose
Rosaceae, Rosengewächse

Heimat: Ostasien.
Wuchs: Straff aufrechter, dicktriebiger Strauch, viele Ausläufer bildend. Triebe mit Stacheln und Stachelborsten.
Blatt: Unpaarig gefiedert, 6–12 cm lang, 5–9 Einzelblättchen, 2–5 cm lang, runzelig, elliptisch, glänzend grün, unterseits graugrün, im Herbst orangerot.
Blüte: Einzeln, 6–9 cm breit, purpur oder rosa, duftend, remontierend; VII–IX.
Frucht: Große Hagebutten (Sammelfrucht), flach rundlich, bis 2,5 cm breit, hellrot, verwertbar.
Standort: Anspruchslos, für alle durchlässigen Böden in voller Sonne und Halbschatten.
Verwendung: Niedrige Hecken, einzeln oder flächig, Böschungen, Straßenbegleitgrün.
Sorten: 'Alba', weiße Blüten, gelbe Früchte. Viele großblumige Sorten.
Sonstiges: Salztolerant.

Salix matsudana 'Tortuosa'
Korkenzieher-Weide
Salicaceae, Weidengewächse

Heimat: Züchtung, die Art stammt aus Ostasien.
Wuchs: Kleinbaum oder Großstrauch mit spiralig gewundenen Ästen.
Blatt: Wechselständig, länglich lanzettlich, 5–10 cm lang, verdreht, mattgrün, im Herbst gelblich grün.
Blüte: Unscheinbar, grauweiße Kätzchen, vor dem Laubaustrieb; IV–V.
Standort: Nährstoffreiche, frisch feuchte Gartenböden in Sonne und Halbschatten.
Verwendung: Einzeln in großen Gärten und Parks, Triebe sind beliebtes Beiwerk in der Floristik.
Sonstiges: Auffälliges Ziergehölz.

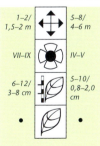

Rosa rugosa	Salix matsudana
1–2 / 1,5–2 m	5–8 / 4–6 m
VII–IX	IV–V
6–12 / 3–8 cm	5–10 / 0,8–2,0 cm
•	•

Sambucus racemosa
Roter Holunder, Trauben-Holunder
Caprifoliaceae, Geißblattgewächse

Heimat: Europa, Kleinasien bis Nord-China.
Wuchs: Breit aufrecht, überhängende Zweige. Triebe und Mark braun. Knospen groß, kugelig, gegenständig angeordnet.
Blatt: Unpaarig gefiedert, 10–20 cm lang, 5 lanzettliche Einzelblätter, 4–8 cm lang.
Blüte: Hellgelb, vor dem Blattaustrieb, Blüte röhrig, 4 mm, in radförmiger Rispe; IV–V.
Frucht: Rote Beeren, 4–5 mm dick, mit giftigen, kantigen Steinfrüchten.
Standort: Humose, durchlässige Böden in Sonne und Schatten; bis 1400 m ü.d.M.
Verwendung: Unterholz, einzeln auch in Parks und in der Landschaft.
Sonstiges: Früchte zur Saftgewinnung verwertbar, Samen sind aber giftig.

Skimmia japonica
Japanische Skimmie
Rutaceae, Rautengewächse

Heimat: Japan.
Wuchs: Breiter, immergrüner Kleinstrauch.
Blatt: Elliptisch, 8–12 cm lang, hellgrün, lederartig verdickt, wechselständig.
Blüte: 2-häusig, 2–8 mm, weiß, in 5–10 cm langen Rispen am Triebende; IV–V.
Frucht: Kugelige, längliche, 8 mm lange Steinfrüchte, leuchtend rot.
Standort: Durchlässige, humose, saure Böden im Schatten.
Verwendung: Einzeln, im Moorbeet zu Rhododendren.
Sorten: 'Rubella', männliche Form, daher keine Früchte, aber reiche Blüte.
Sonstiges: Versagt in Kalkböden.

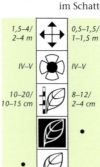

1,5–4/ 2–4 m	0,5–1,5/ 1–1,5 m
IV–V	IV–V
10–20/ 10–15 cm	8–12/ 2–4 cm

Sorbaria sorbifolia
Sibirische Fiederspiere
Rosaceae, Rosengewächse

Heimat: Ostasien.
Wuchs: Bis 2 m hoher, breit wachsender Strauch, viele Bodentriebe, wuchernd.
Blatt: Wechselständig, unpaarig gefiedert, bis 25 cm lang, Einzelblatt 5–10 cm lang, zugespitzt, im Herbst gelbgrün.
Blüte: Weiße Blütchen in 10–35 cm langen Rispen; VI–VII.
Frucht: Balgfrucht, 5 mm lang, wenig auffällig.
Standort: Anspruchslos, normale bis trockene Gartenböden in voller Sonne.
Verwendung: Einzeln oder in Gruppen in Gärten und Parks.
Sonstiges: Bildet mächtige Dickichte.

Spiraea × arguta
Braut-Spierstrauch
Rosaceae, Rosengewächse

Heimat: Züchtung aus *S. × multiflora × S. thunbergii*.
Wuchs: Breitbuschig, bis 2 m hohe, überhängende Zweige. Triebe hell bis dunkelbraun.
Blatt: Wechselständig, hellgrün, schmal lanzettlich, bis 4 cm lang.
Blüte: Reinweiß, 8 mm breit, in kleinen Trugdolden entlang der ganzen Triebe, reich blühend; IV–V.
Standort: Tiefgründige, nährstoffreiche Gartenböden in voller Sonne.
Verwendung: Einzeln, in Gruppen oder als frei wachsende Hecke in Gärten und Parks.
Arten: *S. × cinerea* 'Grefsheim' ist ähnlich, aber graulaubiger und blüht eine Woche eher. *S. thunbergii* ist in allen Teilen zierlicher, blüht schon Anfang April.
Sonstiges: Unentbehrliche Frühlingsblüher.

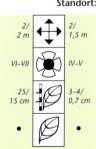

2/ 2 m	2/ 1,5 m
VI–VII	IV–V
25/ 15 cm	3–4/ 0,7 cm
•	•

Spiraea japonica
Japanischer Spierstrauch
Rosaceae, Rosengewächse

Heimat: Ostasien.
Wuchs: Steif aufrechter Kleinstrauch von 1–1,5 m Höhe, vieltriebig.
Blatt: Eiförmig, zugespitzt, 2–8 cm lang, unterseits graugrün, wechselständige Anordnung.
Blüte: Bis 10 mm breit, in 5–10 cm breiten, endständigen Doldentrauben, rosa; VI–IX.
Frucht: Kleine Balgfrüchte, spreizend, braun.
Standort: Alle kultivierten Gartenböden in Sonne und Halbschatten.
Verwendung: Einzeln, in Gruppen oder als frei wachsende Hecke in Gärten und Parks.
Sorten: 'Anthony Waterer', bis 0,8 m, Blätter oft gelb gestreift, karminrot. 'Little Princess', 0,3–0,6 m hoch, bis 0,8 m breit, hellrosa.

Spiraea × vanhouttei
Belgischer Spierstrauch, Pracht-Spiere
Rosaceae, Rosengewächse

Heimat: Züchtung aus *S. cantoniensis* × *S. trilobata*.
Wuchs: Dicht verzweigter Strauch, Triebe überhängend, braun.
Blatt: Rhombisch eiförmig, 2–4 cm lang, Basis keilig, 3- bis 5-lappig, unten bläulich grün. Herbstfärbung gelb-orange, wechselständige Anordnung.
Blüte: Weiß, 10 mm breit, in flachen, vielblütigen Doldentrauben an Kurztrieben; V–VI.
Frucht: Kleine Balgfrüchte, wenig auffallend.
Standort: Nährstoffreiche, durchlässige Gartenböden in sonnigen Lagen.
Verwendung: Einzeln, in Gruppen oder als Hecke in Gärten und Parks.
Sonstiges: In allen Teilen größer als *S. × arguta*.

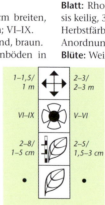

Symphoricarpos albus
Gewöhnliche Schneebeere
Caprifoliaceae, Geißblattgewächse

Heimat: Nordamerika: Von Alaska bis Kalifornien.
Wuchs: Durch viele Ausläufer dichter, leicht überhängender Strauch.
Blatt: Gegenständig angeordnet, eirundlich, 4–6 cm lang, bläulich grün, behaart.
Blüte: Rosa-weiße Glöckchen, bis 10 mm lang, an Achseln und Triebenden in Ähren; ab VI–IX.
Frucht: Kugelige, beerenartige Steinfrucht, 1–1,5 cm, schneeweiß, giftig.
Standort: Völlig anspruchslos an Boden, Klima und Standort.
Verwendung: Für Grünstreifen, Böschungen an Straßen und in Parks.
Weitere Arten: *S. albus* var. *laevigatus*, 1,5–2 m hoch, sonst wie die Art, aber Blättchen kahl. Häufig in Kultur.
Sonstiges: Nicht an Kinderspielplätze!

Syringa × chinensis
Chinesischer Flieder
Oleaceae, Ölbaumgewächse

Heimat: Züchtung aus *S.* × *persica* × *S. vulgaris*.
Wuchs: Breitbuschiger Strauch, 3–5 m hoch, Zweige dünn, locker überhängend.
Blatt: Eilanzettlich, 4–8 cm lang, zugespitzt, dunkelgrün, gegenständig.
Blüte: Röhrenblüten purpurlila, süßlich duftend, in Rispen meist an den Triebenden; V.
Frucht: 2-fächrige Kapsel, braun.
Standort: Nährstoffreiche Gartenböden in voller Sonne, wärmeliebend.
Verwendung: Einzeln oder in Gruppen im Hausgarten und im öffentlichen Grün.
Sorten: 'Saugeana', dunklere Blüte.
Sonstiges: Anspruchsloser Blütenstrauch.

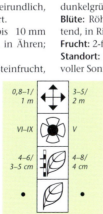

Syringa meyeri
Meyers Flieder
Oleaceae, Ölbaumgewächse

Heimat: Nord-China.
Wuchs: Dichtbuschiger Strauch, viele Triebe aus der Basis.
Blatt: Elliptisch eiförmig, gegenständig, 2–4 cm lang, grün, unten heller.
Blüte: Violette, schmale Röhrenblüte in bis 10 cm langen Rispen, duftend; VI.
Frucht: 2-fächrige Kapsel, braun, unscheinbar.
Standort: Nährstoffreiche Böden in sonniger Lage.
Verwendung: Einzeln im Vorgarten und Steingarten.
Sorten: 'Palibin', noch niedriger im Wuchs, Knospe rot, geöffnete Blüte weißrosa (Bild).

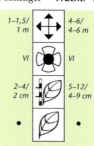

Syringa vulgaris
Gewöhnlicher Flieder
Oleaceae, Ölbaumgewächse

Heimat: Südosteuropa.
Wuchs: Aufrechter Großstrauch, vieltriebig, gabelig verzweigt, Knospen gegenständig. Graue, kahle Triebe. Borke graubraun, rissig, abblätternd.
Blatt: Breit eiförmig, zugespitzt, dunkelgrün, glattrandig, 5–12 cm lang.
Blüte: 4-zipflige Röhrenblüte, lila, in dichten, 10–15 cm langen Rispen; V–VI.
Frucht: 2-fächrige Kapsel, hält lange am Strauch (Entfernen ist sinnvoll).
Standort: Nährstoffreiche Gartenböden in voller Sonne.
Verwendung: Einzeln oder in Gruppen in Gärten und Parks.
Sorten: 'Andenken an Ludwig Späth', violettrot. 'Mme. Lemoine', weiß, gefüllt.
Sonstiges: Zusätzliche Düngung und Wässerung im Frühsommer günstig. Schnittpflanze. Auch zur Treiberei.

Tamarix parviflora
Kleinblütige Tamariske
Tamaricaceae, Tamariskengewächse

Heimat: Südosteuropa.
Wuchs: Strauch oder Baum mit stark überhängenden Zweigen, lockere Krone. Triebe dunkel violettbraun.
Blatt: Schuppenförmig, wechselständig, sich dachziegelig überdeckend, klein.
Blüte: Rosa, vierzählig, in 3–4 cm langen Trauben, am vorjährigen Holz; V–VI.
Frucht: Kleine Kapsel, 3–7 mm groß, unscheinbar.
Standort: Durchlässige, trockene Plätze in voller Sonne.
Verwendung: Einzelstellung in Vorgärten, an der Terrasse und in Parkanlagen.
Sonstiges: Salzresistent, trockenheitsliebend.

Ulmus × hollandica 'Wredei'
Holländische Ulme, Bastard-Ulme
Ulmaceae, Ulmengewächse

Heimat: Züchtung.
Wuchs: Erst schmal aufrecht, später breiter, 4–5(–8) m hoch, säulenförmig.
Blatt: Im Austrieb leuchtend gelb, später grüngelb, breit eiförmig, 6–8 cm lang, Blattrand stark gewellt.
Blüte: In Büscheln meist zu 4. Staubblätter sind länger als die Blütenhülle. Staubblätter dunkelviolett, Narbe rosa; III–IV.
Frucht: Geflügelte Nussfrucht. Eiförmig bis verkehrt eiförmig, etwa 2 cm lang. Samen liegt oberhalb der Mitte.
Standort: Nährstoffreiche, frische schwach saure bis leicht alkalische Böden in sonnigen und halbschattigen Lagen.
Verwendung: Einzeln in Gärten und Parks.
Sonstiges: Frosthart. Bei zu trockenem Standort und starker Sonneneinstrahlung kommt es zu Laubverbrennungen.

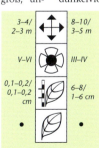

Viburnum × burkwoodii
Burkwoods Schneeball,
Wintergrüner Schneeball
Caprifoliaceae, Geißblattgewächse

Heimat: Züchtung aus *V. carlesii* × *V. utile*.
Wuchs: Reich verzweigter, kugeliger Busch, Triebe braunfilzig.
Blatt: Gegenständig, eiförmig, bis 7 cm lang, oberseits glänzend grün, unterseits graugrün filzig, im Herbst oft orangerot, wintergrün.
Blüte: Hellrosa Röhrenblüten, 1 cm breit, innen weiß, in dichten Blütenbällen, stark duftend; III–IV. Nachblüte im Herbst.
Frucht: Schwarze Steinfrucht, länglich oval, 1 cm lang, giftig.
Standort: Nährstoffreiche, humose Gartenböden in voller Sonne.
Verwendung: Einzeln in Hausgärten und Parks.
Weitere Art: *V. × pragense,* Prager Schneeball, nur 2–3 m hoch, für kleinere Gärten.
Sonstiges: Herrlicher Blüten- und Duftstrauch.

Viburnum farreri
(Syn. V. fragrans)
Duftender Schneeball
Caprifoliaceae, Geißblattgewächse

Heimat: Nord-China.
Wuchs: Straff aufrechter, Strauch, sparrig verzweigt, Triebe rotbraun.
Blatt: Sommergrün, gegenständig angeordnet, länglich elliptisch, 4–10 cm lang, Blattgrund keilig, auffällige Aderung und gesägter Blattrand, im Herbst braun.
Blüte: Hellrosa Röhrenblüten, 1–2 cm lang, in dichten Rispen; auffälliger Duft nach Vanille, ab XI–IV, Hauptblüte III.
Frucht: Erst rote, später schwarze Steinfrüchte, 1 cm lang, selten.
Standort: Frische, tiefgründige Gartenböden in sonnigen und halbschattigen Lagen.
Verwendung: Einzeln in Hausgärten und Parks.
Sorte: *V. bodnantense* 'Dawn', ähnlich, aber in allen Teilen stärker, hellrote Blüten.
Sonstiges: Auffälliger Vorfrühlingsblüher und Duftstrauch.

Viburnum plicatum fo. tomentosum
Japanischer Schneeball
Caprifoliaceae, Geißblattgewächse

Heimat: Japan, nur aus Kultur bekannt.
Wuchs: Breiter Strauch mit waagerecht ausgebreiteten Ästen.
Blatt: Breit eiförmig, 4–10 cm lang, gegenständig, im Herbst dunkel weinrot.
Blüte: Flache Trugdolden, 6–10 cm breit, mit winzigen fertilen Innen- und reinweißen Außenblüten, 3–4 cm breit, steril; V–VI.
Frucht: Erst rote, später schwarze Steinfrüchte, 6–8 mm lang, giftig.
Standort: Leicht saure, humose Gartenböden in voller Sonne.
Verwendung: Einzeln oder in kleinen Gruppen in Gärten und Parks.
Sorten: 'Mariesii', niedrig, äußerst flach wachsend, reich blühend.
Sonstiges: Zur Blüte- und Fruchtzeit, sowie im Herbst eindrucksvoll.

Vitis coignetiae
Rostrote Rebe
Vitaceae, Weinrebengewächse

Heimat: Japan, Korea, Sachalin.
Wuchs: Stark wachsender Kletterstrauch bis 6–8 m hoch, Ranker.
Blatt: Rundlich eiförmig, 20–30 cm breit, herzförmig, 3- bis 5-lappig, mattgrün, unten rostrot behaart, besonders an den Adern, im Herbst orangerot, wechselständig.
Blüte: In schmalen, rostrot filzigen Rispen; VI–VII.
Frucht: Bereifte Beeren, schwarzrot, kugelig, 0,8–10 mm groß.
Standort: Warme Plätze in tiefgründigen Böden, in Bäumen und Sträuchern kletternd.
Verwendung: Zur Begrünung von Wänden, Mauern und Klettergerüsten, sowie von Bäumen.
Sonstiges: Robuster, rasch wachsender Kletterer.

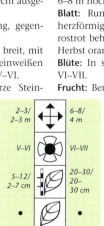

Weigela florida
Liebliche Weigelie
Caprifoliaceae, Geißblattgewächse

Heimat: Ostasien.
Wuchs: Breit aufrecht, überhängende Triebe, 2–3 m hoch, Triebe hellbraun, Lentizellen, gegenständige Knospen.
Blatt: Eiförmig zugespitzt, behaart, 4–11 cm lang, mattgrün.
Blüte: Becherförmig, 3–4 cm lang, 5-teilige Kronblätter, rosa, an endständigen Trugdolden; V–VI.
Frucht: 2-klappige, geschnäbelte Kapsel, 20–30 mm lang, braun.
Standort: Nährstoffreiche, tiefgründige Gartenböden in voller Sonne.
Verwendung: Einzeln oder in Gruppen in Hausgärten und öffentlichen Anlagen.
Sorten: Viele Sorten, z.B.: 'Bristol Ruby', karminrot (Bild). 'Eva Rathke', rot.
Sonstiges: Wenige Sorten lieben saure Böden ('Eva Rathke').

Wisteria sinensis
Chinesischer Blauregen, Glyzine
Fabaceae, Hülsenfrüchtler

Heimat: China.
Wuchs: Rasch wachsender, linkswindender Schlinger, Triebe graugrün, kann im Alter sogar mächtige Stämme bilden.
Blatt: Wechselständig, unpaarig gefiedert, 20–30 cm lang, gelbgrün, im Herbst gelb gefärbt. Blättchen eiförmig zugespitzt, 2–10 cm lang.
Blüte: Blauviolett, 1–2 cm groß, an 15–30 cm langen Blütentrauben; IV–VI.
Frucht: Graue, 100–150 mm lange Hülsen mit 1–3 giftigen Samen, hängend, selten.
Standort: Nährstoffreiche, sandig humose Böden in voller Sonne.
Verwendung: Stabile Klettergerüste an Wänden und Pergolen, benötigt viel Platz.
Sorten: 'Alba', weiß.

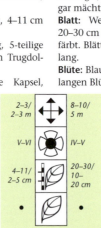

Stauden von A bis Z

Lebensbereiche nach SIEBER (überarbeitet von H. GÖTZ)

so: sonniger Standort
abs: absonniger Standort
hs: halbschattiger Standort
sch: schattiger Standort

Lebensbereich Beet/Rabatte – B

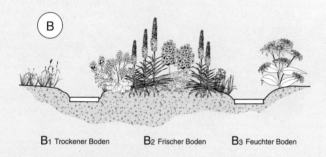

B1 Trockener Boden   B2 Frischer Boden   B3 Feuchter Boden

Für die am häufigsten anzutreffende Standortsituation im Garten, **dem Beet (B)**, gibt es eine große Zahl herrlicher Stauden mit stattlichem Habitus und prachtvollen Blüten. Sie benötigen einen **humosen, nährstoffreichen Boden, dessen Oberfläche regelmäßig gelockert wird**. Leitstauden übernehmen in diesem Lebensbereich eine dominierende Funktion, sie werden durch Begleitstauden ergänzt.

Beetstaudenähnliche Stauden aller Lebensbereiche, -b
In allen Lebensbereichen gibt es Stauden mit **beetstaudenähnlichem** Charakter, die meist durch ihre stattliche Erscheinung, den üppigen Wuchs und durch auffällige Blüten wirkungsvoller und anspruchsvoller sind. Um sie zu kennzeichnen, wird der Lebensbereichskennzeichnung **ein -b hinzugefügt**.

Lebensbereich Gehölzrand – GR,1-3

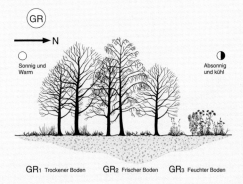

Am Rande von Baum- und Strauchgruppen, vielfach in gutem, humosem Boden, finden zahlreiche Stauden optimale Standortverhältnisse. Zu beachten ist, dass einige Arten mehr den offenen, sonnigen, warmen, südseitigen Gehölzrand bevorzugen und andere den kühlen, halbschattigen, nordseitigen oder den wechselschattigen Gehölzrand bevorzugen. Der Boden dieser Standorte ist **trocken (GR,1), frisch (GR,2) oder feucht (GR,3)**. Vergleichbare Standortverhältnisse findet man im Bereich von Mauern und Hauswänden. Dort entfällt die Wurzelwirkung konkurrierender Gehölze.

Lebensbereich Gehölz – G,1-3

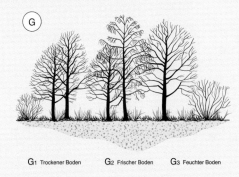

Im lichten Schatten oder Halbschatten meist unter locker aufgepflanzten Bäumen, gedeihen viele Waldstauden sehr gut. Sie stehen in enger Beziehung zu den Gehölzen und beleben diesen Bereich durch ihre Wuchsformen und Blüten. Die verrottenden Blätter der Bäume sorgen für den erforderlichen humosen Boden und sollten nicht entfernt werden. Je nach Standort der Gehölzgruppen unterscheidet man **Stauden für trockenen Boden (G,1), für frischen Boden (G,2) sowie für feuchten Boden (G,3)**.

Lebensbereich Freifläche – Fr,1-3

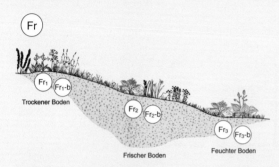

Außerhalb der Standorte von Bäumen und Sträuchern, auf freien, sonnigen Flächen gibt es vielfältige Situationen, in denen Stauden günstige Lebensbedingungen finden. Je nach Feuchtegehalt oder Wasserhaltekraft des Bodens werden unterschieden: **Stauden für trockene, durchlässige Böden – oft auch Hanglagen – (Fr,1), für normale, frische Böden (FR,2) oder für feuchte Böden (Fr,3)**. Zu dem Lebensbereich Freifläche werden auch die Steppenheide und Heide gerechnet. **Die Steppenheide (SH)** zeichnet sich durch trockene, kalkhaltige Böden und warme, sonnenseits geneigte Standorte aus. Als **Heide (H)** werden nährstoffarme, bodensaure, sandige Flächen bezeichnet. Bei den Heiden werden trockene Böden (H,1), frische Böden (H,2) und feuchte Böden (H,3) unterschieden.

Lebensbereich Freifläche, Steppenheide – SH

Lebensbereich Freifläche, Heide – H

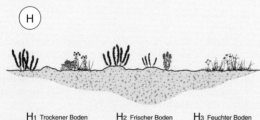

Lebensbereich Steinanlagen, Tröge und Troggärten – St

Lebensbereich Steinanlagen, Fels-Steppen – FS

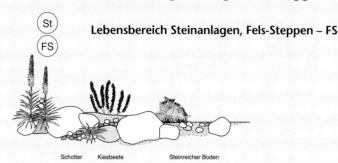

Schotter   Kiesbeete   Steinreicher Boden

Viele Stauden fühlen sich im Bereich der Steine wohl. Manche sind nässeempfindlich und wachsen deshalb am besten in einem **von Kies bzw. Felsbrocken durchsetzten Boden, den Fels-Steppen (FS)**. Andere gedeihen selbst in flachen Bodenschichten über Fels oder größeren Steinanlagen, den **Felsmatten (M)**. Einige Pflanzen dieses Lebensbereichs eignen sich für **Mauerkronen (MK)** oder können in **Steinfugen (SF)** gepflanzt werden. **Bei Mauerkronen (MK) und Steinfugen (SF) werden trockene Böden (SF,1 bzw. MK,1), frische Böden (SF,2 bzw. MK2) und feuchte Böden (SF,3 bzw. MK,3) unterschieden.**

Lebensbereich Steinanlagen, Felsmatten – M

Lebensbereich Steinanlagen, Mauerkronen – MK

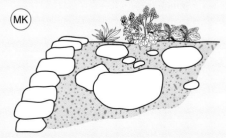

Lebensbereich Steinanlagen, Steinfugen – SF

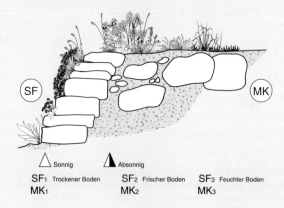

△ Sonnig ▲ Absonnig

SF1 Trockener Boden   SF2 Frischer Boden   SF3 Feuchter Boden
MK1   MK2   MK3

Lebensbereich Alpinum – A

Einige herrliche, aber auch **anspruchsvolle, oft nicht sehr konkurrenzfähige** Stauden finden die besten Standorte in unterschiedlichen, meist kleinräumigen Flächen des Alpinum (A).

Lebensbereich Wasserrand – WR,4 / WR,5

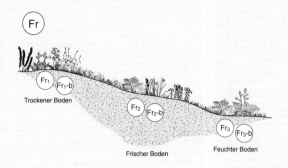

Dieser Lebensbereich wird durch große Bodenfeuchtigkeit gekennzeichnet. Es handelt sich um Standorte am Rand eines Teiches, Bachlaufs oder einer anderen Wasserfläche. Es handelt sich um feuchte bis nasse, **zeitweise abtrocknende Böden (WR,4)** oder **um Standorte, die dauernass sind beziehungsweise von flachem Wasser immer bedeckt sind (WR,5)**. Röhrichtpflanzen fühlen sich an dem zuletzt beschriebenen Standort sehr wohl.

Lebensbereich Wasser – W,6-8

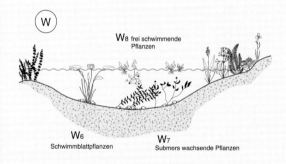

Für alle im Gartenteich üblichen Wassertiefen gibt es geeignete Stauden. Die Artenvielfalt ist in drei Gruppen unterteilt: **Schwimmblattpflanzen (W,6)**, die im Boden wurzeln, ihre Blätter schwimmen auf der Wasseroberfläche. **Submers wachsende Pflanzen (W,7)**, deren Blätter und Triebe unter der Wasseroberfläche wachsen. **Frei schwimmende Pflanzen (W,8)**.

Achillea filipendulina
Gold-Garbe, Hohe Schaf-Garbe
Asteraceae, Asterngewächse

Heimat: Kaukasus bis Kleinasien.
Wuchsform: Horstbildend, aufrechte Blütenstiele, bis 120 cm.
Blatt: Wechselständig, graugrün gefiedert, bis 15 cm lang, duftend.
Blüte: Flache Scheindolden am Triebende, goldgelb, VI–IX.
Fruchtstand/Frucht: Scheindolde, Frucht unscheinbar, Samen klein.
Standort: Nährstoffreiche, auch trockene Böden in voller Sonne.
Lebensbereiche: Fr,2,so: Freifläche, frisch, sonnig.
Verwendung: Rabatten. Schnittpflanze. Trockenbinderei.
Vermehrung: Teilung und Aussaat im Frühling.
Sorte: 'Parker', goldgelb, 120 cm. 'Coronation Gold' (Abb.)
Ähnliche Art: *A. clypeolata*, goldgelb, graulaubig, bis 60 cm hoch, Steingarten.
Hinweis: Nachblüte, wenn Rückschnitt erfolgte.

Achillea millefolium 'Cerise Queen'
Rote Schaf-Garbe
Asteraceae, Asterngewächse

Heimat: Gartenform der in Europa heimischen Schafgarbe.
Wuchsform: Lockerhorstig, rasenbildend, aufrechte Blütentriebe beblättert.
Blatt: Wechselständig, fiederschnittig, dunkelgrün, duftend.
Blüte: Flache Scheindolde am Triebende, kirschrot, VI–VIII.
Frucht: Unscheinbar.
Standort: Auf nährstoffreichen, durchlässigen Böden in voller Sonne.
Lebensbereiche; B,2,so: Beet, frisch, sonnig; auch für Freiflächen.
Verwendung: Rabatten, Schnitt.
Vermehrung: Teilung im Frühling oder nach der Blüte.
Ähnliche Sorte: 'Sammetriese', samtrot, 80 cm hoch, spätblühend.
Hinweis: Breitet sich durch kurze Ausläufer aus.

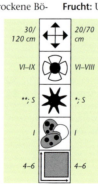

30/120 cm	20/70 cm
VI–IX	VI–VIII
**; S	*; S
I	I
4–6	4–6

 ## Aconitum napellus
Blauer Eisenhut
Ranunculaceae, Hahnenfußgewächse

Heimat: Mitteleuropa, nördlich bis Schweden, Alpen.
Wuchsform: Aufrecht, breitbuschig, horstig.
Blatt: Wechselständig, fiederartig geschlitzte Blätter, dunkelgrün.
Blüte: Helmartig, in lockeren Rispen, variiert stark, intensiv blau, VII–VIII.
Frucht: Balgfrucht.
Standort: Halbschattige Bergwälder, nährstoffreiche Plätze in Almnähe.
Lebensbereiche: GR,2–3,abs: Gehölzrand, frisch–feucht, absonnig; auch Freiflächen.
Verwendung: Naturnahe Wildstaudenpflanzungen im Halbschatten.
Vermehrung: Aussaat im Winter; Teilung im Herbst oder Frühling.
Sorte: 'Gletschereis', weiß, 120 cm, 'Bressingham Spire', blau, 90 cm.
Hinweis: Giftige Pflanze.

Alcea rosea
Chinesische Stockrose
Malvaceae, Malvengewächse

Heimat: Gartenform, die Art stammt aus SW-Asien.
Wuchsform: Aufrecht, bis 2 m hoch, zweijährig.
Blatt: Wechselständig, groß, rund-herzförmig, mattgrün, rau.
Blüte: 6–8 cm groß, gefüllt, achsel- oder endständig, rosa, rot, gelb, weiß, VII–IX.
Frucht: Spaltfrucht.
Standort: Sonnige, durchlässige, nährstoffreiche Böden.
Lebensbereiche: B,2,so: Beet; frisch; sonnig.
Verwendung: Rabatten, vor Südwänden und Mauern.
Vermehrung: Aussaat im Frühling.
Sorte: Viele Farbsorten, z.B. 'Rosa'.
Ähnliche Art: *A. ficifolia,* Feigenblättrige Stockrose, geschlitztes Laub.
Hinweis: Rückschnitt nach der Blüte erforderlich.

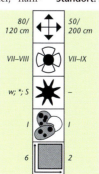

Alchemilla mollis
Weicher Frauenmantel
Rosaceae, Rosengewächse

Heimat: Karpaten, Kaukasus.
Wuchsform: Breitbuschig, horstig, leicht überliegend.
Blatt: Wechselständig, bis 15 cm groß, 9- bis 11-lappig, weich behaart.
Blüte: Kleine Einzelblüten in Knäueln gehäuft, zartgelb, V–VII.
Frucht: Unscheinbar.
Standort: Sonnig bis halbschattig, frische bis feuchte Böden, lehmig.
Lebensbereiche: <u>Fr,2–3,so–abs:</u> Freifläche; frisch bis feucht; sonnig bis absonnig, <u>Gehölzrand</u>.
Verwendung: Rabatten, zu Beetstauden oder in Wiesenflächen. Schnittpflanze.
Vermehrung: Aussaat und Teilung.
Ähnliche Art: *A. erythropoda*, Zwerg-Frauenmantel, 10 cm hoch.
Hinweis: Rückschnitt nach der Blüte unterbindet Selbstaussaat.

Allium christophii
Sternkugel-Lauch
Alliaceae, Lauchgewächse

Heimat: Kleinasien, Iran.
Wuchsform: Eintriebige Zwiebelpflanze mit kugeligem Blütenstand.
Blatt: Riemenförmig, bis 45 cm lang, blaugrün.
Blüte: Sternblüten bis 25 cm breit; kugelige, zusammengesetzte Dolde, rosafarben, VI–VII.
Fruchtstand: Dekorative, zusammengesetzte Dolde.
Standort: Nährstoffreiche, durchlässige Böden in voller Sonne.
Lebensbereiche: <u>FS,1,so</u>: Felssteppe; trocken; sonnig. Auch <u>Freiflächen</u>, <u>Steinanlagen</u>.
Verwendung: Rabatten, sonnige Freiflächen. Schnittpflanze. Trockenbinderei.
Vermehrung: Aussaat im Frühling; Brutzwiebeln.
Hinweis: Blätter vergilben früh, daher zwischen andere Stauden pflanzen.

Allium moly
Pyrenäen-Gold-Lauch
Alliaceae, Lauchgewächse

Heimat: Pyrenäen, Spanien, Mittelmergebiet.
Wuchsform: Aufrecht bis bogig überhängend.
Blatt: Breit-lanzettlich, matt blaugrün.
Blüte: Zusammengestzte Dolde. Langstielig, leuchtend goldgelb, mit wenigen Einzelblüten, V–VI.
Fruchtstand: Zusammengesetzte Dolde.
Standort: Nährstoffarme Böden in voller Sonne.
Lebensbereiche: <u>FS,1,so–abs:</u> Felssteppe; trocken; sonnig bis absonnig.
Verwendung: Steinanlagen und Freiflächen in voller Sonne. Dachbegrünung.
Vermehrung: Aussaat und Brutzwiebeln sowie Teilung der Zwiebelhorste.
Hinweis: Anspruchslose, sehr schöne Art.

Anemone blanda
Strahlen-Anemone
Ranunculaceae, Hahnenfußgewächse

Heimat: SO-Europa, Kleinasien, Kaukasus.
Wuchsform: Zarte Stiele erscheinen aus einem knolligen Wurzelstock. Horstig. Zieht nach der Blüte ein.
Blatt: Handförmig geteilt, mattgrün, kahl.
Blüte: Einfach, vielstrahlig, 3–4 cm, dunkelblau, III–IV.
Fruchtstand/Frucht: Kugeliger Fruchtstand mit Nüsschen.
Standort: Kalkhaltige Humusböden im Halbschatten.
Lebensbereiche: <u>GR,1–2,so–hs:</u> Gehölzrand; trocken bis frisch; sonnig bis halbschattig. Auch für <u>Gehölze</u> und <u>Steinanlagen</u>.
Verwendung: Unter Sträuchern im Frühlingsgarten und Steingarten.
Vermehrung: Aussaat und Teilung der Knollen im Frühling.
Sorte: 'Radar', violett mit weißer Mitte; 'White Splendour', weiß (Bild).

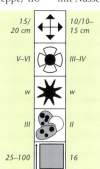

15/ 20 cm	10/10– 15 cm
V–VI	III–IV
w	w
III	II
25–100	16

Anemone-Japonica-Gruppe
Japanische Herbst-Anemone
Ranunculaceae, Hahnenfußgewächse

Heimat: Japan. Züchtungen.
Wuchsform: Buschig, Ausläufer bildend, 60–80 cm hoch.
Blatt: 3-teilig gelappt, leicht behaart.
Blüte: Schalenförmig, weiß (auch rosa und rot), IX–X.
Frucht: Nüsschen mit weißem Pappus.
Standort: Humusreiche Böden im Halbschatten.
Lebensbereiche: <u>GR,2,hs,–b</u>: Gehölzrand; frisch; halbschattig; beetstaudenähnlich.
Verwendung: Vor und zwischen Gehölzen, aber auch für Freiflächen und Beete.
Vermehrung: Teilung und Wurzelschnittlinge (im Winter).
Sorte: 'Honorine Jobert', ***, weiß, 'Prinz Heinrich', *, rot, halbgefüllt (Bild).
Hinweis: Treibt erst spät aus, daher gut mit Blumenzwiebeln.

Anthemis tinctoria
Färber-Kamille
Asteraceae, Asterngewächse

Heimat: Europa.
Wuchsform: Breitbuschig, horstig.
Blatt: Fiederteilig, oberseits grün, unten weißfilzig.
Blüte: Blütenteller, goldgelb, VII–IX.
Fruchtstand: Körbchen.
Standort: Sonnig, trocken, kalkreiche, nährstoffarme Böden.
Lebensbereiche: <u>Fr,1,so</u>: Freifläche; trocken; sonnig. Auch für den <u>Gehölzrand</u>.
Verwendung: Sonnige Flächen in geschützter Lage. Dachbegrünung. Duftpflanze. Schnittpflanze. Bienenweide.
Vermehrung: Risslinge im Frühling.
Sorte: 'Grallagh Gold', *, goldorange; 60–90 cm hoch (Bild).

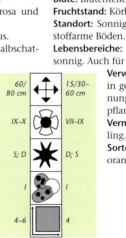

60/80 cm	15/30–60 cm
IX–X	VII–IX
S; D	D; S
I	I
4–6	4

Aquilegia vulgaris
Gewöhnliche Akelei
Ranunculaceae, Hahnenfußgewächse

Heimat: Europa, von N-Afrika bis zum Kaukasus.
Wuchsform: Horstig, aufrecht. Wurzeln rübenförmig.
Blatt: Doppelt 3-zählig, blaugrün.
Blüte: In endständigen Rispen, gespornt, dunkelblau, V–VI.
Frucht: Mehrteilige Balgfrucht. Samen schwarz.
Standort: Halbschattige Plätze in kalkhaltigen Böden.
Lebensbereiche: GR,1–2,so–hs: Gehölzrand; trocken bis frisch, sonnig bis halbschattig.
Verwendung: Unter Gehölzen, Wildstaudenpflanzungen.
Vermehrung: Aussaat im Frühling.
Sorte: Viele, auch langspornige Sorten zum Schnitt.
Hinweis: Giftige Pflanze.

Armeria maritima
Grasnelke
Plumbaginaceae, Bleiwurzgewächse

Heimat: Europa: Zirkumpolar.
Wuchsform: Polster mit langer Pfahlwurzel.
Blatt: Grasartig, bis 5 cm lang, dunkelgrün, wintergrün.
Blüte: Blütenköpfchen langstielig, rosa, V–VI.
Fruchtstand: Mit trockenhäutigem Hochblatt.
Standort: Meernahe Sandböden in voller Sonne. Sehr anspruchslos.
Lebensbereiche: FS,1,so: Felssteppe; trocken; sonnig; auch Steinanlagen.
Verwendung: Flächig, in kleinen Tuffs, Steingärten, Dachgärten.
Vermehrung: Aussaat im Frühling, Abrisslinge mit Wurzelansatz nach der Blüte.
Sorte: 'Alba', weiß; 'Düsseldorfer Stolz', **, rot (Bild); 'Vesuv', Laub dunkel, im Winter fast schwarz, Blüte rot.
Hinweis: Toleriert Salzböden.

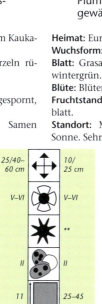

25/40–60 cm | 10/25 cm
V–VI | V–VI
II | II
11 | 25–45

Asplenium trichomanes
Braunstieliger Streifenfarn
Aspleniaceae, Streifenfarngewächse

Heimat: Weltweit; heimisch.
Wuchsform: Lockerhorstig, auch bogig überhängend.
Blatt: Gefiedert, mattgrün, Stiel dunkel, wintergrün.
Standort: Absonnige Steinfugen von Felsen, meist auf Kalk.
Lebens-bereiche: SF,2,hs: Steinanlagen; frisch; absonnig; auch Steinanlagen.
Verwendung: Für Steingärten, Tröge und Mauern im Halbschatten.
Vermehrung: Teilung und Sporen.
Sorte: 'Incisum', Gesägte Steinfeder. Blättchen tief eingeschnitten.
Hinweis: Oft mit der Mauerraute (*A. ruta-muraria*) anzutreffen.

Aster amellus
Berg-Aster
Asteraceae, Asterngewächse

Heimat: Südliches Mitteleuropa bis Armenien und Sibirien.
Wuchsform: Horstig, aufrecht, am Grund verholzend.
Blatt: Breit-lanzettlich, rauhaarig, 4–6 cm lang.
Blüte: Blütenstand verzweigt, blauviolett mit gelber Scheibe, VIII–IX.
Fruchtstand/Frucht: Körbchen; Samen mit Pappus.
Standort: Sonnige Hänge auf Kalkböden.
Lebensbereiche: FR,1–2,so: Freifläche; trocken bis frisch; sonnig; auch Steppenheide.
Verwendung: Wildstaudenpflanzungen auf durchlässigen Böden in sonniger Lage.
Vermehrung: Stecklinge im April bis Mai; Aussaat möglich.
Sorte: 'Kobold', *, violett, 40 cm; 'Veilchenkönigin', ***, dunkelviolett, 55 cm (Bild).

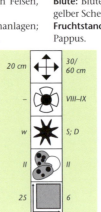

Aster dumosus
Kissen-Aster
Asteraceae, Asterngewächse

Heimat: N-Amerika.
Wuchsform: Aufrecht, kissenartig, aber mit kriechendem Wurzelstock.
Blatt: Lineal-lanzettlich, ganzrandig, grün, 34 cm lang.
Blüte: Körbchenblüten in doldigem Blütenstand, lila mit gelber Scheibe, VIII–X.
Fruchtstand/Frucht: Körbchen; Samen mit Pappus.
Standort: Sonnige Plätze im Staudengarten.
Lebensbereiche: Fr,2,so: Freifläche; frisch; sonnig. Verschiedene Sorten können dem Lebensbereich Beet zugeordnet werden.
Verwendung: In Wildstaudenpflanzungen in Gruppen, Rabatten, Einfassungen.
Vermehrung: Triebrisslinge im Frühling, Teilung.
Sorte: 'Herbstgruß vom Bresserhof' (Bild), ***, violettrosa, 40 cm; 'Prof. Anton Kippenberg', ***, lavendelblau, 40 cm; 'Schneekissen', *, weiß, 30 cm.

Astilbe × arendsii
Prachtspiere
Saxifragaceae, Steinbrechgewächse

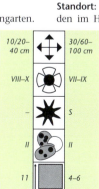

Heimat: Züchtung aus ostasiatischen Arten.
Wuchsform: Breitbuschig, horstig.
Blatt: Dreifach 3-teilig, lang gestielt, dunkelgrün, Austrieb rotbraun.
Blüte: Rispen straff oder locker, je nach Sorte, viele Farbtöne weiß, rot, violett, VII–IX.
Frucht: Klein, unscheinbar.
Standort: Durchlässige, humose (saure) Böden im Halbschatten. Höhere Luftfeuchtigkeit.
Lebensbereiche: B,2,so–hs: Beet; frisch; sonnig bis halbschattig; auch Gehölzrand.
Verwendung: Vor und zwischen Gehölzen, z.B. Rhododendron. Flächig. Schnittpflanze.
Vermehrung: Teilung des Wurzelstocks im Frühling.
Sorte: 'Cattleya', ***, 100 cm, locker, rosa; 'Deutschland', 50 cm, weiß; 'Fanal', *, 60 cm, dunkelrot; 'Obergärtner Jürgens', **, 60 cm, karmin (Bild).

Aster dumosus	Astilbe × arendsii
10/20–40 cm	30/60–100 cm
VIII–X	VII–IX
–	S
II	II
11	4–6

Athyrium filix-femina
Frauenfarn
Woodsiaceae, Wimpernfarngewächse

Heimat: Nördliche Halbkugel, S-Amerika.
Wuchsform: Horstig, Wedel bogig überhängend.
Blatt: Doppelt bis 3-fach gefiedert, hellgrün.
Standort: Wälder, auf humosen, durchlässigen, kalkarmen Böden.
Lebensbereiche: G,2,so–sch: Gehölz; frisch; sonnig bis schattig; auch Gehölzrand.
Verwendung: Unter Gehölzen, im Einzelstand oder in kleinen Trupps.
Vermehrung: Teilung im Frühling; Sporenreife VII–VIII.
Sorte: 'Bornholmiense', 25 cm; 'Cristatum', gegabelt; 'Rotstiel' (Bild).

Aubrieta-Sorten
Blaukissen
Brassicaceae, Kohlgewächse

Heimat: Züchtungen der Blaukissenarten aus dem Mittelmeerraum.
Wuchsform: Polsterbildend.
Blatt: Spatelförmig, am Ende gezähnt, graugrün, immergrün, 2–3 cm lang.
Blüte: 4-zählig, auch gefüllt, blau, violett oder rot, bis 1,5 cm groß, IV–V.
Frucht: Kleine Schoten.
Standort: Sonnige Lagen in durchlässigen Böden, in Verbindung mit Steinen.
Lebensbereiche: MK,2,so: Mauerkronen; frisch; sonnig; auch für Steinanlagen.
Verwendung: Auf Mauern und in Mauerfugen, Steingärten, Terrassenbeeten. Ideale Fugenpflanze für Kalksteinmauern, Geröllhänge und Tröge.
Vermehrung: Stecklinge der Rosetten im Herbst, auch Aussaat im Vorfrühling.
Sorte: 'Dr. Mules', *, blauviolett (Bild); 'Red Carpet', *, rot; 'Tauricola', *, blau.

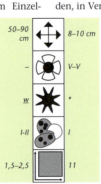

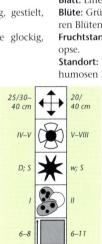

Bergenia-Sorten
Bergenie
Saxifragaceae, Steinbrechgewächse

Heimat: Züchtung. Arten aus O-Asien.
Wuchsform: Ausgebreitet, kriechender Wurzelstock.
Blatt: Breitflächig, bis 30 cm lang, gestielt, glänzend immergrün.
Blüte: In Trugdolden, Einzelblüte glockig, rosa, rot oder weiß, IV–V.
Frucht: Kapsel gespalten.
Standort: Völlig anspruchslos.
Lebensbereiche: <u>GR,2,so–hs</u>: Gehölzrand; frisch; sonnig bis halbschattig; auch für <u>Steinanlagen</u> und <u>Freiflächen</u>.
Verwendung: Einzeln oder flächig, in kleinen Tuffs, im Halbschatten optimal. Schnittpflanze. Blattschmuck. Bienenweide.
Vermehrung: Teilung im Frühling.
Sorte: 'Admiral', **, 40 cm, rot (Bild); 'Silberlicht', **, 40 cm, weiß.

Briza media
Mittleres Zittergras,
Herz-Zittergras
Poaceae, Süßgräser

Heimat: Asien, Mittel- und S-Europa.
Wuchsform: Aufrecht, lockerhorstig.
Blatt: Linealisch, zugespitzt.
Blüte: Grüne, herzförmige Ährchen an lockeren Blütenrispen, V–VIII.
Fruchtstand: Hellbraun, herzförmig. Karyopse.
Standort: Magerwiesen in sonniger Lage in humosen Böden.
Lebensbereiche: <u>SH,1–2,so</u>: Steppenheide; trocken bis frisch; sonnig; auch <u>Matten</u>.
Verwendung: Wildstaudenpflanzungen. Extensive Dachbegrünung. Schnittpflanze. Trockenbinderei.
Vermehrung: Aussaat im Frühling, Teilung.

25/30–40 cm	20/40 cm
IV–V	V–VIII
D; S	w; S
I	II
6–8	6–11

Brunnera macrophylla
Kaukasus-Vergissmeinnicht
Boraginaceae, Raublattgewächse

Heimat: W-Kaukasus.
Wuchsform: Buschig, horstbildend.
Blatt: Breit-herzförmig, bis 25 cm lang und 15 cm breit, rauhaarig.
Blüte: Blau, in lockeren Trauben über dem Laub, IV–V.
Frucht: Grüne Nüsschen.
Standort: Lehmig-humose Böden in sonniger bis halbschattiger Lage.
Lebensbereiche: GR,2,so–hs: Gehölzrand; frisch; sonnig bis halbschattig.
Verwendung: Vor und zwischen Gehölzen in kleinen Trupps. Blattschmuck.
Vermehrung: Aussaat und Teilung im Frühling. Wurzelschnittlinge im Winter.
Sorte: 'Blaukuppel', gedrungener Wuchs.
Besonderheit: Wurzeln auffällig schwarz gefärbt.
Hinweils: Als Flächendecker nicht ideal, da nur sommergrün. Selbstaussat möglich.

Caltha palustris
Sumpf-Dotterblume
Ranunculaceae, Hahnenfußgewächse

Heimat: Europa, Kleinasien, N-Amerika.
Wuchsform: Horstige Sumpfpflanze mit kräftigem Wurzelstock.
Blatt: Gestielt, rund bis herzförmig, 5–8 cm breit, glänzendgrün.
Blüte: Goldgelbe Blütenschalen am Ende verzweigter Stiele, III–V.
Frucht: Balgfrucht, Samen glänzend.
Standort: Feuchte Plätze aller Art, Teich- und Bachränder.
Lebensbereiche: WR,4,so–hs: Wasserrand; sumpfig; sonnig bis halbschattig; auch für Freiflächen und Gehölzränder.
Verwendung: Dauerfeuchte Stellen in nährstoffreichen Böden, Teichrand.
Vermehrung: Teilung im Frühling; Aussaat sofort nach der Ernte, Töpfe müssen feucht sein!
Sorte: 'Multiplex' gefüllte Blüten, Li.

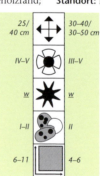

25/40 cm	30–40/30–50 cm
IV–V	III–V
w	w
I–II	II
6–11	4–6

Campanula carpatica
Karpaten-Glockenblume
Campanulaceae, Glockenblumengewächse

Heimat: Karpaten.
Wuchsform: Polsterbildend, lockerhorstig.
Blatt: Oval-eiförmig, Blattrand gezähnt, hellgrün.
Blüte: Schalenblüten, 3–4 cm groß, violettblau, VI–IX.
Frucht: Kapsel mit vielen feinen Samen.
Standort: Kalkfelsen in meist sonniger Lage.
Lebensbereiche: FS,2,so: Felssteppe; frisch; sonnig; auch für Steinanlagen.
Verwendung: Steingärten, Rabatten, Geröllbeete.
Vermehrung: Teilung auch nach der Blüte; Aussaat im Frühling.
Sorte: 'Blaue Clips', **, blau; 'Weiße Clips', **, weiß; beide Sorten bilden sortenechten Samen aus; 'Karpatenkrone', **, hellblau. Alle Sorten sollten vegetativ vermehrt werden.
Hinweis: Vor Schnecken schützen.

Campanula glomerata
Knäuel-Glockenblume
Campanulaceae, Glockenblumengewächse

Heimat: Europa, Kaukasus, Kleinasien, Mittelasien.
Wuchsform: Dichtbuschig, ausläuferbildend.
Blatt: Breitlanzettlich, rau, sitzend.
Blüte: End- und achselständig, in dichten Schöpfen, dunkelviolett VII–VIII.
Frucht: Kapsel.
Standort: Sonnige Wiesenhänge in Kalkgebieten.
Lebensbereiche: Fr,1–2,so: Freifläche; trocken bis frisch; sonnig, auch Gehölzrand.
Verwendung: Wildstaudenpflanzungen, Schalen, Schnittpflanze.
Vermehrung: Teilung der Sorten im Frühling. Aussaat im Vorfrühling.
Sorte: 'Alba', weiß; 'Acaulis', w, 15–20 cm (Bild); 'Superba', w, dunkelviolett.
Hinweis: Auch Zwergsorten werden gehandelt.

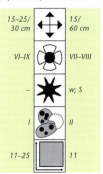

15–25/ 30 cm	15/ 60 cm
VI–IX	VII–VIII
–	w; S
I	II
11–25	11

Campanula persicifolia
Pfirsichblättrige Glockenblume
Campanulaceae, Glockenblumengewächse

Heimat: Europa, Balkan bis Sibirien.
Wuchsform: Aufrecht, locker, bogig überhängend, treibt Ausläufer.
Blatt: Schmal, glänzendgrün, Stängel beblättert.
Blüte: Breitglockig, groß, leuchtend blau, VI–VII.
Frucht: Kapsel.
Standort: Wiesenhänge, lichte Haine kalkreicher Böden.
Lebensbereiche: <u>GR,1,so</u>: Gehölzrand; trocken; sonnig; auch <u>Gehölz</u> und <u>Freifläche</u>.
Verwendung: Wildstaudenpflanzungen, Rabatten. Schnittpflanze (langstielig). Bienenweide.
Vermehrung: Teilung nach der Blüte.
Sorte: 'Grandiflora Alba', weiß; 'Telham Beauty', große, blaue Blüten.

Carex grayi
Morgenstern-Segge
Cyperaceae, Zyperngrasgewächse

Heimat: Atlantisches N-Amerika.
Wuchsform: Aufrecht, horstig.
Blatt: Schmal, bandförmig, im Herbst gelblich.
Blüte: Unscheinbare Köpfchen, VII–VIII.
Fruchtstand: Auffällige Köpfchen in Form einer Stachelkeule.
Standort: Im Frühling feuchte Wiesen in sonniger Lage.
Lebensbereiche: <u>Fr,3,so–hs:</u> Freifläche; feucht; sonnig bis halbschattig; auch <u>Wasserrand</u>.
Verwendung: Wasserrand, Schnitt, Trockensträuße.
Vermehrung: Teilung, Aussaat im Frühling.
Hinweis: Versamt sich an zusagenden Plätzen.

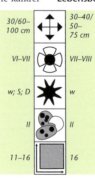

30/60–100 cm	30–40/50–75 cm
VI–VII	VII–VIII
w; S; D	w
∥	∥
11–16	16

Centranthus ruber
Spornblume
Valerianaceae, Baldriangewächse

Heimat: Mittelmeergebiet, S-Deutschland.
Wuchsform: Aufrecht, horstig.
Blatt: Breit eiförmig, gegenständig angeordnet, blaugrün.
Blüte: Langspornig, end- und achselständig in Trugdolden, dunkelrosarot V–X.
Fruchtstand: Trugdolde; Samen mit fallschirmartigem Pappus.
Standort: Trockene, warme Plätze, in alten Gemäuern und Kalkfelsen, sonnig.
Lebensbereiche: FS,1,so: Felssteppe; trocken, sonnig; auch Steinfugen, Freiflächen.
Verwendung: Für Beete, Mauerkronen, Kiesflächen. Schnittpflanze. Heilpflanze.
Vermehrung: Aussaat im Frühling, sät sich reichlich selbst aus.
Sorte: 'Albiflorus', w, weiß, 'Coccineus', w, rot (Bild).
Hinweis: Verblühtes laufend entfernen. Sehr anspruchslos, aber wärmeliebend.

Chrysanthemum × grandiflorum
(Syn.: Chrysanthemum indicum)
Garten-Chrysantheme
Asteraceae, Asterngewächse

Heimat: Züchtung.
Wuchsform: Aufrecht, horstig, dichtbuschig. Stängel beblättert und verzweigt.
Blatt: Eiförmig, gelappt, mattgrün.
Blüte: Körbchen, einfach oder gefüllt. Je nach Sorte weiß, gelb, orange, rot, IX–X.
Fruchtstand: Körbchen, Samen klein.
Standort: Nährstoffreiche Böden in voller Sonne.
Lebensbereiche: B,2,so: Beet; frisch; sonnig.
Verwendung: Spätblühende Beetstaude. Schnittpflanze.
Vermehrung: Kopfstecklinge nach der Blüte; Teilung im Vorfrühling.
Sorte: Unzählige Sorten in vielen Farben und Füllungsgraden. 'Clara Curtis', **, rosa.
Hinweis: Einige Sorten sind bedingt winterhart. Auf Spinnmilben und Minierfliegen achten.

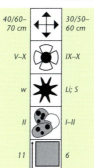

Cimicifuga ramosa
September-Silberkerze
Ranunculaceae, Hahnenfußgewächse

Heimat: Kamtschatka.
Wuchsform: Horstig, straff aufrecht, Blütenkerzen aufrecht.
Blatt: 3-teilig gefiedert, kurz gestielt, grob gesägt.
Blüte: Blütentrauben bis 40 cm lang, weiß, IX–X.
Frucht: Kleine Balgfrucht, unauffällig.
Standort: Schattige Partien in sauren, humosen Böden.
Lebensbereiche: GR,2,abs–hs: Gehölz; frisch, absonnig bis halbschattig.
Verwendung: Solitärstaude für kalkarme Böden im Schattenbereich.
Vermehrung: Teilung im Vorfrühling und Aussaat nach der Samenreife.
Hinweis: Dezenter Fruchtschmuck, erzielt bei Raureif seine Wirkung.

Convallaria majalis
Maiglöckchen
Convallariaceae, Maiglöckchengewächse

Heimat: Europa, Kaukasus, W-Asien.
Wuchsform: Aufrecht, locker, Rhizome bildend.
Blatt: Breit-lanzettlich, bis 15 cm lang, im Spätsommer gelbbraun, zieht ein.
Blüte: Nickende Glöckchen an aufrechten Trauben, 1 cm groß, weiß, V.
Frucht: Rote Beeren erscheinen selten, besonders giftig.
Standort: Kalkbuchenwälder im Halbschatten, bevorzugt Lehmböden.
Lebensbereiche: G,2,hs: Gehölz; frisch; halbschattig; auch Gehölzrand.
Verwendung: Als Flächendecker unter Gehölzen aller Art, verdrängende Wirkung.
Vermehrung: Teilung der Rhizome im Sommer.
Sorte: 'Grandiflora', w, größere Blüten. Schnittpflanze.
Hinweis: Giftige Pflanze.

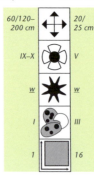

60/120–200 cm | 20/25 cm
IX–X | V
w | w
I | III
1 | 16

Coreopsis grandiflora
Großblütiges Mädchenauge
Asteraceae, Asterngewächse

Heimat: USA.
Wuchsform: Locker aufrecht, horstbildend.
Blatt: Frischgrün, lanzettlich, fiederschnittig, bis 15 cm lang.
Blüte: Goldgelbe Körbchenblüten einzeln an langen Stielen, bis 10 cm groß, VII–X.
Fruchtstand/Frucht: Geflügelte Samen im Körbchen.
Standort: Humose, nährstoffreiche Böden in voller Sonne.
Lebensbereiche: <u>B</u>,2,<u>so</u>: Beet; frisch; sonnig.
Verwendung: Wichtige, langblühende Beetstauden. Schnittpflanze.
Vermehrung: Teilung nach der Blüte, Aussaat im Frühling.
Sorte: 'Badengold', *, goldgelb, 80 cm (steril); 'Early Sunrise', goldgelb gefüllt, 60 cm (Bild); 'Tetragold', goldgelb, großblütig, 80 cm.
Hinweis: Rückschnitt im Herbst beugt der Auswinterung vor.

Cortaderia selloana
Pampasgras
Poaceae, Süßgräser

Heimat: Argentinien.
Wuchsform: Aufrecht, Blätter überhängend, horstbildend.
Blatt: Schmal, mattgrün, 1 m lang, an den Rändern scharf gezähnt. In milden Wintern immergrün! Rückschnitt im April.
Blüte: Fedrige Rispe, zweihäusig, silbrige Wedel bis 60 cm lang, IX.
Fruchtstand: Weibliche Wedel sind schöner und haltbarer, Samen winzig.
Standort: Vollsonnig in warmen Lagen, nährstoffreich.
Lebensbereiche: <u>FR</u>,2,<u>so</u>,–<u>h</u>: Freifläche; frisch; sonnig; beetstaudenähnlich.
Verwendung: Einzeln im großen Garten, Parks. Schnittpflanze. Trockenbinderei.
Vermehrung: Teilung im April.
Sorte: 'Pumila', Li, 100 cm; 'Sunningdale Silver', **, 200 cm.
Hinweis: Im Spätherbst Blattschöpfe einbinden, Laubdecke 20 cm hoch.

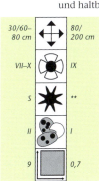

30/60–80 cm	80/200 cm
VII–X	IX
S	**
II	I
9	0,7

Crocus chrysanthus
Balkan-Krokus
Iridaceae, Schwertliliengewächse

Heimat: SO-Europa, Kleinasien.
Wuchsform: Aufrecht, horstige Knollenpflanze.
Blatt: Grasartig, linealisch; erscheint nach der Blüte.
Blüte: Hellorange-gelb, rundliche Trichterblüten, III.
Frucht: Häutige Kapsel mit hellbraunen Samen.
Standort: Bergwiesen in sonniger Lage.
Lebensbereiche: Fr,1–2,so: Freifläche; trocken bis frisch; sonnig; auch Steinanlagen.
Verwendung: In Gruppen zwischen niederen Vorfrühlingsstauden. Bienenweide.
Vermehrung: Durch Brutknöllchen oder Aussaat.
Sorte: 'Blue Peter', dunkelblau, 'Eyecatcher', violett mit weiß; 'Sunkist', buttergelb. Alle Sorten mit gelbem Schlundfleck. 'Saturnus' gelb, braune Streifen.

Crocus speciosus
Herbst-Pracht-Krokus
Iridaceae, Schwertliliengewächse

Heimat: Kaukasus, Kleinasien, Krim, Iran.
Wuchsform: Aufrecht, horstige Knollenpflanze.
Blatt: Grasartig, linealisch; erscheint nach der Blüte im Herbst, zieht erst im Mai ein.
Blüte: Trichterblüte, blau orangerote Narben IX–X.
Frucht: Häutige Kapsel mit hellbraunen Samen.
Standort: Bergwiesen in sonnigen Lagen.
Lebensbereiche: Fr,1–2,so: Freifläche; trocken bis frisch; sonnig; auch Steinanlagen.
Verwendung: In Gruppen zwischen niederen Stauden.
Vermehrung: Durch Brutknöllchen oder Aussaat nach der Samenreife im Frühling.
Sorte: 'Albus', weiß; 'Oxonian', violettblau.
Hinweis: Lässt sich gut in Töpfen treiben.

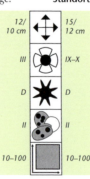

12/10 cm	15/12 cm
III	IX–X
D	D
II	II
10–100	10–100

✱ Delphinium-Belladonna-Gruppe
Garten-Rittersporn
Ranunculaceae, Hahnenfußgewächse

Heimat: Züchtung.
Wuchsform: Aufrecht, horstbildend, Stängel beblättert und verzweigt.
Blatt: 3-zählig bis handförmig, tief eingeschnitten, frischgrün.
Blüte: Verzweigte Rispe. Je nach Sorte hell- bis dunkelblau, VI–VII und IX.
Frucht: Balgfrucht.
Standort: Staudenbeete, Rabatten, sonnige Böden.
Lebensbereiche: B,2,so: Beet; frisch, sonnig; auch Freifläche.
Verwendung: Einzeln oder in kleinen Gruppen auf Beeten.
Vermehrung: Teilung des Wurzelstocks im Vorfrühling, Stecklinge im April, mit Wurzelansatz.
Sorte: 'Atlantis', 130 cm, violett mit weiß; 'Vökerfrieden', ***, 100 cm, azurblau (Bild).
Hinweis: standfest.

✱ Delphinium-Elatum-Gruppe
Garten-Rittersporn
Ranunculaceae, Hahnenfußgewächse

Heimat: Züchtung.
Wuchsform: Aufrecht, horstbildend, Stängel beblättert, unverzweigt.
Blatt: 3-zählig bis handförmig, tief eingeschnitten, frischgrün.
Blüte: Je nach Sorte hell- bis dunkelblau, violett, weiß, VI–VII und IX.
Frucht: Balgfrucht.
Standort: Staudenbeete, Rabatten in voller Sonne in kräftigen Böden.
Lebensbereiche: B,2,so: Beet; frisch, sonnig.
Verwendung: Einzeln oder in kleinen Gruppen auf Beeten. Schnittpflanze.
Vermehrung: Teilung des Wurzelstocks im Vorfrühling; Stecklinge mit Wurzelansatz, IV.
Sorte: 'Azurriese', 170 cm, azurblau; 'Berghimmel', *, 180 cm (Bild), hellblau; 'Sommernachtstraum', ***, 130 cm, dunkelblau.
Hinweis: Mehltauanfällig.

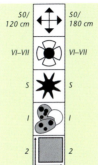

Dianthus deltoides
Heide-Nelke
Caryophyllaceae, Nelkengewächse

Heimat: Asien, Europa.
Wuchsform: Lockerrasig, kriechend, Blütenstiele aufrecht.
Blatt: Lanzettlich, gegenständig, bis 2 cm lang, mattgrün.
Blüte: Einfach, dunkelrosa, Stiele 1-blütig, VI–VIII.
Frucht: Kelchförmige Kapsel.
Standort: Magere, saure Heideflächen in voller Sonne.
Lebensbereiche: H,1,so: Heide; trocken; sonnig; auch Gehölzrand.
Verwendung: In kleinen Gruppen oder Flächen für saure Böden. Dachbegrünung.
Vermehrung: Aussaat im Frühling.
Sorte: 'Albus', weiß, Li; 'Brillant', rot, Li; 'Leuchtfunk', rot, braunlaubig.
Hinweis: Reich blühende Staude.

Dianthus plumarius
Feder-Nelke
Caryophyllaceae, Nelkengewächse

Heimat: Östliches Mitteleuropa.
Wuchsform: Niederliegend bis aufrecht, dichtrasiges Polster.
Blatt: Linealisch-lanzettlich, bis 5 cm lang, blaugrün.
Blüte: Radiär einfach oder gefüllt, federig zerschlitzt, stark duftend, weiß, VI–VII.
Frucht: Kelchförmige Kapsel.
Standort: Durchlässige Gartenböden, alkalisch.
Lebensbereiche: FS,2,so: Felssteppe, frisch, sonnig; auch Steinanlagen.
Verwendung: Einfassungen, Steingärten, Schnittpflanze.
Vermehrung: Teilung der Polster im Frühling.
Sorte: 'Heidi', *, dunkelrot, gefüllt (Bild); 'Maischnee', *, weiß gefüllt. Sorten in vielen Farben und Formen.

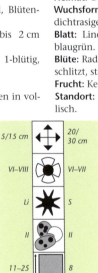

	Dianthus deltoides	Dianthus plumarius
Größe	5/15 cm	20/30 cm
Blütezeit	VI–VIII	VI–VII
Licht	Li	S
Boden	II	II
	11–25	8

Dicentra spectabilis
Herzblume, Tränendes Herz
Fumariaceae, Erdrauchgewächse

Heimat: China, Korea, Mandschurei.
Wuchsform: Horstig, bogig überhängend, fleischige, brüchige Wurzeln.
Blatt: Doppelt 3-teilig zusammengesetzt, graugrün.
Blüte: Herzförmig, an waagerechten Trauben, 3 cm groß, hellrosa, IV–V.
Frucht: Unscheinbar. Bildet keine Samen aus.
Standort: Humusreiche Böden im Halbschatten.
Lebensbereiche: GR,2,so–hs,–b: Gehölzrand; frisch; sonnig bis halbschattig, beetstaudenähnlich; auch für Beete.
Verwendung: Vor und unter säureliebenden Gehölzen. In Verbindung mit Farnen und Frühlingsstauden.
Vermehrung: Teilung im Vorfrühling.
Sorte: 'Alba', **, weiß.

Doronicum orientale
Gemswurz
Asteraceae, Asterngewächse

Heimat: SO-Europa bis zum Kaukasus.
Wuchsform: Aufrecht, lockerhorstig.
Blatt: Herzförmig, am Rand gekerbt, hellgrün.
Blüte: Meist 1-blütiges Körbchen, leuchtend gelb, IV–V.
Fruchtstand/Frucht: Körbchen, Samen mit Pappus.
Standort: Durchlässige, humose Böden in sonnigen Lagen.
Lebensbereiche: GR,2,so–hs: Gehölzrand; frisch; sonnig bis halbschattig.
Verwendung: In Wildstaudenpflanzungen und zum Schnitt.
Vermehrung: Teilung nach der Blüte.
Sorte: 'Magnificum', *, goldgelb; 'Riedels Goldkranz', *, goldgelb. Gefüllte Sorten bekannt: z.B. 'Gerhard', hellgelb.
Hinweis: Zu hohe Feuchtigkeit fördert Pilzbefall.

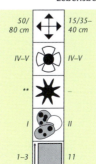

Dryopteris filix-mas
Wurmfarn
Dryopteridaceae, Wurmfarngewächse

Heimat: Europa, Asien, Afrika, N-Amerika.
Wuchsform: Aufrecht-bogig, horstig.
Blatt: 1-fach gefiedert, dunkelgrün, im Austrieb hellgrün, gelb im Herbst.
Standort: Lichte Laubwälder, humusreiche Plätze im Halbschatten.
Lebensbereiche: G,2,so–hs: Gehölz; frisch; sonnig bis halbschattig. Auch Gehölzrand.
Verwendung: Im Schatten höherer Gehölze auf humosen Böden.
Vermehrung: Sporen keimen auf sterilem, feuchtem Torf.
Sorte: 'Crispa', Krauser Wurmfarn. Fiederenden kraus, 40–50 cm hoch.
Besonderes: Wurde früher wegen seiner Giftwirkung gegen Bandwürmer eingesetzt.

Echinacea purpurea
Roter Sonnenhut
Asteraceae, Asterngewächse

Heimat: USA.
Wuchsform: Straff aufrecht, horstig.
Blatt: Verkehrt-eiförmig, Blattrand gesägt, dunkelgrün.
Blüte: Blütenköpfe einzeln, Scheibe gewölbt, Strahlenblüte weinrot, VII–IX.
Fruchtstand/Frucht: Körbchen, Samen länglich.
Standort: Lichte Wälder und Prärien.
Lebensbereiche: Fr,2,so: Freifläche; frisch; sonnig.
Verwendung: Einzeln oder in Gruppen auf sonnigen Rabatten. Schnittpflanze. Heilpflanze.
Vermehrung: Teilung im Frühling, Wurzelschnittlinge im Winter.
Sorte: 'The King', karminrot, gute Schnittsorte.

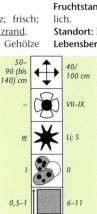

Echinops ritro
Kugeldistel
Asteraceae, Asterngewächse

Heimat: S- und O-Europa, Russland.
Wuchsform: Aufrecht, steif, horstig.
Blatt: Doppelt fiederspaltig, bedornt, graugrün, unterseits graufilzig.
Blüte: Kugelige Blütenköpfe, 2–4 cm dick, stahlblau, VII–IX.
Fruchtstand/Frucht: Kugeliges Körbchen, Samen länglich.
Standort: Magerste Böden in voller Sonne.
Lebensbereiche: Fr, 1,so,–b: Freifläche; trocken; sonnig; beetstaudenähnlich.
Verwendung: In durchlässigen, steinigen Böden in voller Sonne. Schnittpflanze (Trockenschnitt). Trockenbinderei.
Vermehrung: Aussaat im Frühling, Wurzelschnittlinge im Winter, Teilung.
Sorte: 'Veitchs Blue', ***, leuchtend violettblau, gut zum Schnitt.
Hinweis: Sehr anspruchslos.

Epimedium grandiflorum
Großblumige Elfenblume
Berberidaceae, Sauerdorngewächse

Heimat: Japan, Mandschurei.
Wuchsform: Buschig, lockerhorstig.
Blatt: Doppelt 3-teilig, Blättchen eiförmig, zugespitzt, 2 cm lang, Rand gezähnt, sommergrün, im Austrieb bronzefarben.
Blüte: In einfacher Traube, 2–4 cm groß, lang gespornt, weiß, IV–V.
Frucht: Wird selten gebildet.
Standort: Humoser, durchlässiger, schwach saurer Boden im Halbschatten.
Lebensbereiche: G,2,hs: Gehölz; frisch; halbschattig. Auch Gehölzrand.
Verwendung: Wichtiger Bodendecker unter Gehölzen. Wertvoll durch reiche Blüte und dichten Wuchs
Vermehrung: Teilung im Vorfrühling; Rhizomteilung ab Herbst.
Sorte: 'Lilafee', Li, rotviolett (Bild); 'Rose Queen', Li, dunkelrosa.

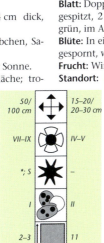

Eremurus-Shelford-Gruppe
Shelford's Steppenkerze
Asphodelaceae, Junkerlilien-
gewächse

Heimat: Züchtung.
Wuchsform: Horstig, Blütenstiel steif aufrecht. Wurzel seesternartig. Zieht nach der Blüte ein.
Blatt: Schmal-linealisch, graugrün.
Blüte: Sternförmige Einzelblüten an schmaler Blütenkerze, gelb–orange, VI–VII.
Frucht: Kugelig, 1 cm groß, enthält kantige Samen.
Standort: Nährstoffreiche, durchlässige, gut dränierte Böden in voller Sonne.
Lebensbereiche: FR,1,so,–b: Freifläche; trocken; sonnig; beetstaudenähnlich. Auch Felssteppe.
Verwendung: Einzeln oder in kleinen Gruppen, Schnittpflanze.
Vermehrung: Aussaat sofort nach der Ernte.
Sorte: 'Feuerfackel', orange.
Hinweis: Wurzeln in 3–5 cm starke Sandschicht legen.

Erigeron-Sorten
Feinstrahlastern
Asteraceae, Asterngewächse

Heimat: Züchtung.
Wuchsform: Dichtbuschig, horstbildend.
Blatt: Lanzettlich, kahl, dunkelgrün, Blütenstiele beblättert.
Blüte: Köpfchen in lockeren Büscheln am Triebende, Scheibenblüten gelb, Zungenblüten weiß, rosa, rot oder blau, VI–VII.
Fruchtstand/Frucht: Körbchen, Samen mit Pappus.
Standort: Nährstoffreiche Gartenböden in voller Sonne.
Lebensbereiche: B,2,so: Beet; frisch; sonnig; auch Freifläche.
Verwendung: In kleinen Gruppen auf Beeten und Rabatten. Schnittpflanze.
Vermehrung: Teilung im Frühling.
Sorte: 'Dunkelste Aller', ***, dunkelviolett; 'Foersters Liebling', *, karminrosa (Bild); 'Sommerneuschnee', ***, weiß.
Hinweis: Auf Mehltau achten.

30/150 cm	15/70 cm
VI–VII	VI–VII
**; D	S
II	II
4	6–11

Eryngium alpinum
Alpen-Edeldistel
Apiaceae, Selleriegewächse

Heimat: Alpen, Jura, Jugoslawien.
Wuchsform: Buschig, horstbildend.
Blatt: Grundblätter lang gestielt, herzförmig, spitz, Stängelblätter rundlich, an der Spitze gelappt, blaugrün.
Blüte: Köpfe zylindrisch, umgeben von tief geteilten, stahlblauen Hüllblättern, VII–VIII.
Frucht: Köpfchenförmig, mit vielen Samen, zur Reife bräunlich.
Standort: Bergwiesen der Kalkalpen, selten.
Lebensbereiche: <u>Fr,2,so</u>: Freifläche; frisch; sonnig.
Verwendung: Einzeln oder in kleinen Gruppen in durchlässigen Böden. Schnittpflanze.
Vermehrung: Aussaat im Vorfrühling, Wurzelschnittlinge im Winter.
Sorte: 'Opal', **, silbrig-lila.
Hinweis: Vor Mäusen schützen.
Geschützte Wildpflanze.

Euphorbia myrsinites
Walzen-Wolfsmilch
Euphorbiaceae, Wolfsmilchgewächse

Heimat: Mittelmeergebiete, SO-Europa.
Wuchsform: Niederliegend, horstig. Rübenartige Wurzel.
Blatt: Bereift, fleischig, verkehrt-eiförmig, zugespitzt, blaugrün.
Blüte: Kopfiger Blütenstand am Triebende, Hochblätter gelbgrün, VI–VII.
Frucht: Kugelig, glatt.
Standort: Trockene und sonnige Hänge, auch im Kalkgeröll.
Lebensbereiche: <u>FS,1–2,so</u>: Felssteppe; trocken bis frisch; sonnig. Auch <u>Mauerkronen</u>, <u>Steinfugen</u>, <u>Steinanlagen</u>.
Verwendung: Einzeln oder in Gruppen auf warmen, durchlässigen Böden im Steingarten, für extensive Dachbegrünung.
Vermehrung: Aussaat im Frühling, oft Selbstaussaat.
Hinweis: Alle Wolfsmilcharten führen Milchsaft. Giftige Pflanze.

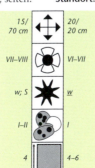

15/ 70 cm	20/ 20 cm
VII–VIII	VI–VII
w; S	w
I–II	I
4	4–6

Festuca cinerea
Blau-Schwingel
Poaceae, Süßgräser

Heimat: Mitteleuropa, Norditalien, Südostfrankreich.
Wuchsform: Polsterbildendes, horstiges Gras.
Blatt: Dünn, eingerollt, steif aufrecht, matt grau-blau, wintergrün.
Blüte: Rispe, gelbbraun, VI–VII.
Fruchtstand/Frucht: Rispe, Karyopse. Samen länglich.
Standort: An mageren Stellen, sonnig und trocken.
Lebensbereiche: <u>SH</u>,1,so: Steppenheide; trocken; sonnig. Auch <u>Freifläche</u>.
Verwendung: In kleineren Gruppen in Steingärten, Heidepartien, Gräber, Dachgärten. Extensive Dachbegrünung.
Vermehrung: Teilung, Aussaat im Frühling.
Sorte: 'Blauglut', 'Frühlingsblau'; 'Elijah Blue', besonders blausilbrig.

Fritillaria imperialis
Kaiserkrone
Liliaceae, Liliengewächse

Heimat: Afghanistan, Iran, Himalaja.
Wuchsform: Aufrecht, horstige Zwiebelpflanze. Zieht nach der Samenreife ein.
Blatt: Breit-lanzettlich, Stängel beblättert, oben mit einem Blattschopf, hellgrün.
Blüte: 5–8 Stück, glockenförmig, nickend, 6 cm lang, orange, rot oder gelb, IV.
Frucht: Aufrechte Kapseln mit vielen flachen Samen.
Standort: Nährstoffreiche, durchlässige Böden in Sonne und Halbschatten.
Lebensbereiche: <u>B</u>,2,so: Beet; frisch; sonnig. Auch <u>Freifläche</u>.
Verwendung: In Gruppen in tiefgründigem Boden.
Vermehrung: Aussaat gleich nach der Ernte oder im Winter. Gefäße mit Schnee bedecken.
Sorte: 'Aurora', orange; 'Lutea Maxima', gelb; 'Rubra Maxima', rot.
Besonderes: Zwiebeln duften unangenehm, vertreiben Wühlmäuse.

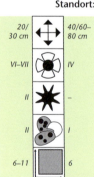

Fritillaria meleagris
Schachblume, Kiebitzei
Liliaceae, Liliengewächse

Heimat: Europa, Kaukasus.
Wuchsform: Aufrecht, horstige Zwiebelpflanze. Zieht nach Samenreife ein.
Blatt: Lineal-lanzettlich, graugrün, Stängel beblättert.
Blüte: 1–2 hängende, große Glockenblüten, violett-braun, weiß, IV–V.
Frucht: Kapsel dreifächerig.
Standort: Feuchte Wiesen in voller Sonne.
Lebensbereiche: <u>FR,2-3,so–abs</u>: Freifläche; frisch bis feucht; sonnig bis absonnig. Auch <u>Wasserrand</u>, <u>Gehölzrand</u>.
Verwendung: In Gruppen in humosen, durchlässigen Böden.
Vermehrung: Aussaat nach der Samenreife.
Sorte: 'Aphrodite', reinweiß; 'Orion', matt rotviolett; 'Purple King', rotviolett.
Besonderes: Zwiebeln sind weichhäutig, dürfen nicht austrocknen.
Hinweis: Geschützte Wildpflanze.

Gaillardia × grandiflora
Kokardenblume
Asteraceae, Asterngewächse

Heimat: Züchtung. Die Art *G. aristata* stammt aus dem westlichen N-Amerika.
Wuchsform: Dichtbuschig, horstbildend.
Blatt: Behaart, fiederspaltig, graugrün. Lange, blattlose Stiele.
Blüte: Meist zweifarbige Blütenkörbchen, gelb und rote Scheibenblüten, VI–X.
Fruchtstand/Frucht: Körbchen, Samen mit Pappus.
Standort: Sonnige Präriewiesen, nährstoffreiche Böden im Garten.
Lebensbereiche: <u>B,2,so</u>: Beet; frisch, sonnig.
Verwendung: Reich blühende, aber kurzlebige Schnittpflanze, für sonnige Beete.
Vermehrung: Aussaat im Frühling.
Sorte: 'Kobold', gelb mit rot, 30 cm (Bild); 'Burgunder', rot, 50 cm.
Hinweis: Blütenknospen im Herbst entfernen, sonst drohen Ausfälle im Winter.

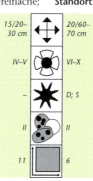

15/20–30 cm	20/60–70 cm
IV–V	VI–X
–	D; S
II	II
11	6

Galanthus nivalis
Schneeglöckchen
Amaryllidaceae, Amaryllisgewächse

Heimat: Europa bis Südrussland.
Wuchsform: Aufrecht, bogig überhängend, horstbildende Zwiebelpflanze.
Blatt: Lineal-lanzettlich, graugrün, erscheint nach der Blüte.
Blüte: Mit 3 äußeren, bis 2,5 cm breiten Blütenblättern, weiß. Die 3 inneren Blütenblätter sind kürzer und grün gerandet, II–III.
Frucht: Grüne, später braune Beere.
Standort: Unter und vor Gehölzen, die später austreiben, humoser Boden.
Lebensbereiche: G,2,hs: Gehölz; frisch; halbschattig. Auch Freifläche.
Verwendung: Für Vorfrühlingsbeete, vor Laubgehölzen.
Vermehrung: Brutzwiebeln im Sommer. Aussaat im Mai.
Sorte: 'Atkinsii', großblumig; 'Samuel Arnott', riesige Blüten, 30 cm hoch.
Hinweis: Geschützte Wildpflanze.

Geranium macrorrhizum
Balkan-Storchschnabel
Geraniaceae, Storchschnabelgewächse

Heimat: SO-Alpen, Balkan, Karpaten, Apennin.
Wuchsform: Bildet Matten, treibt Rhizome.
Blatt: Rundlich gelappt, 8 cm breit, drüsenhaarig, grün, im Herbst rotgelb.
Blüte: Mehrblütig, lange Staubgefäße, weiß bis rot, V–VII.
Frucht: Aufrecht, lang und schnabelartig. Teilfrüchte an der Basis mit welligen, horizontalen Rippen.
Standort: Trockene und sonnige Plätze, sogar Rohböden. Auch auf kalkreichen Böden.
Lebensbereiche: GR,1–2,so–hs: Gehölzrand; trocken bis frisch; sonnig bis halbschattig. Auch für Freiflächen.
Verwendung: Für größere Flächen, verdrängt Unkräuter.
Vermehrung: Teilung im Frühling.
Sorte: 'Spessart', weiß mit rosa Kelch. Rote Auslesen: 'Czakor' (Bild), 'Velebit'.

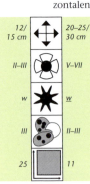

Geranium × magnificum
Pracht-Storchschnabel
Geraniaceae, Storchschnabelgewächse

Heimat: Züchtung (*G. ibericum* × *G. platypetalum*).
Wuchsform: Dichtbuschig, horstig.
Blatt: Rundlich gelappt, weich behaart, grün, im Herbst orange-gelb.
Blüte: In Doldentrauben, blauviolett, VI–VII.
Frucht: Schnabel mit Teilfrüchten, die oft nur teilweise entwickelt werden. Die Samen reifen nicht aus.
Standort: Trockene und sonnige Plätze, oft in Verbindung mit Steinen.
Lebensbereiche: GR, 2, so–hs: Gehölzrand; frisch; sonnig bis halbschattig. Auch Freiflächen.
Verwendung: In Staudenbeeten und Rabatten, herrlich zu Pfingstrosen
Vermehrung: Teilung im Frühling.
Hinweis: Verträgt Trockenheit, Wärme sowie kalkreiche Böden.

Geum coccineum
Garten-Nelkenwurz
Rosaceae, Rosengewächse

Heimat: Balkan, Kaukasus. Züchtungen.
Wuchsform: Buschig, horstbildend.
Blatt: Gefiedert, die Endblättchen am größten, behaart.
Blüte: Schalenförmig, leuchtend orangerot je nach Sorte, V–VI.
Fruchtstand/Frucht: Schopfiger Fruchtstand, Samen gefedert.
Standort: Sonnige, nährstoffreiche Plätze auf Beeten und Rabatten.
Lebensbereiche: FR,2,so–abs,–b: Freifläche; frisch; sonnig bis absonnig; beetstaudenähnlich. Auch Gehölzrand.
Verwendung: Für Beete und Wildstaudenpflanzungen. Auch auf trockenen Standorten.
Vermehrung: Teilung im Frühling.
Sorte: 'Feuermeer', **, orangerot (Bild).
Weitere Art: *G.* × *heldreichii* 'Georgenberg', **, orangegelb

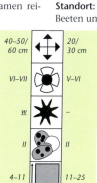

Gypsophila repens 'Rosea'
Teppich-Schleierkraut
Caryophyllaceae, Nelkengewächse

Heimat: Züchtung. Die Art stammt aus den Kalkalpen und Pyrenäen.
Wuchsform: Niederliegend, horstbildend. Rübenförmige Wurzeln.
Blatt: Lineal-lanzettlich, blaugrün.
Blüte: Klein, zartrosa, in Mengen, V–VIII.
Frucht: Klein, unscheinbar.
Standort: Trockene durchlässige Kalkböden in voller Sonne.
Lebensbereiche: <u>FS,1–2,SO</u>: Felssteppe; trocken bis frisch; sonnig. Auch <u>SF, MK</u>.
Verwendung: In und auf Mauern sowie sonnige Pflanzungen im Steingarten. Pflanze verträgt keine Staunässe.
Vermehrung: Aussaat.
Sorte: 'Rosenschleier', ***, hellrosa gefüllt, 30 cm.

Helenium-Sorten
Sonnenbraut
Asteraceae, Asterngewächse

Heimat: Züchtung. Die Arten stammen aus den USA.
Wuchsform: Aufrecht, horstig.
Blatt: Lanzettlich, leicht gezähnt, wechselständig.
Blüte: Körbchenblüte in endständigen Doldentrauben, rot, gelb, braun, VII–IX.
Fruchtstand/Frucht: Körbchen, Samen mit Pappus.
Standort: Nährstoffreiche Plätze in voller Sonne.
Lebensbereiche: <u>B,2,SO</u>: Beet; frisch; sonnig. Auch für <u>Freiflächen</u>.
Verwendung: Für Staudenbeete und Rabatten. Schnittpflanze.
Vermehrung: Teilung im Vorfrühling.
Sorte: 'Kupfersprudel', kupferbraun, 110 cm, mittelfrüh (Bild); 'Waltraud', ***, goldbraun, 90 cm, früh.
Hinweis: Ab Frühsommer kräftig wässern und düngen.

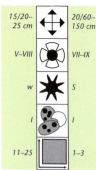

15/20–25 cm		20/60–150 cm
V–VIII		VII–IX
W		S
I		I
11–25		1–3

Helianthemum-Sorten
Sonnenröschen
Cistaceae, Zistrosengewächse

Heimat: Züchtung.
Wuchsform: Aufrecht bis überliegend, horstig, zwergstrauchartig.
Blatt: Eiförmig, gegenständig, 2–3 cm lang, grau–grün, immergrün.
Blüte: Mit 5 Kronblättern, in traubenartigen Wickeln, gelb, weiß, braun, rot – je nach Sorte. Einzelblüte kurzlebig, aber in Mengen erscheinend, V–VII.
Frucht: Klein, nickend.
Standort: Durchlässige Böden in voller Sonne, meist in Steinnähe.
Lebensbereiche: FS,1–2,so: Felssteppe; trocken bis frisch; sonnig. Auch MK und St.
Verwendung: Für Steingärten, auf Mauern, ähnliche Standorte.
Vermehrung: Sommerstecklinge.
Sorte: 'Frau M. Bachthaler', *, weiß; 'Mandarin', orange (Bild).
Hinweis: Reich blühender Zwergstrauch.

Helianthus decapetalus
Stauden-Sonnenblume
Asteraceae, Asterngewächse

Heimat: N-Amerika.
Wuchsform: Dichtbuschig, horstbildend, dicke Rhizome.
Blatt: Eiförmig zugespitzt, lang gestielt, unterseits rau, Rand gezähnt.
Blüte: Körbchen in Doldentrauben, 12–14 Strahlenblüten, hellgelb, VIII–X.
Fruchtstand/Frucht: Körbchen, Samen mit Pappus.
Standort: Nährstoffreiche Böden in voller Sonne.
Lebensbereiche: Fr,1–2,so: Freifläche; trocken bis frisch; sonnig.
Verwendung: Einzeln oder in kleinen Gruppen in größeren Gärten und Parks. Schnittpflanze.
Vermehrung: Teilung im Frühling.
Sorte: 'Capenoch Star', ***, 180 cm, zitronengelb (Bild); 'Meteor', **, gelb, 150 cm.
Hinweis: Des Öfteren teilen.

10–15/20 cm	50/150 cm
V–VII	VIII–X
–	S
II	I
11–25	1–2

Helianthus salicifolius
Weidenblättrige Sonnenblume
Asteraceae, Asterngewächse

Heimat: USA.
Wuchsform: Aufrecht, locker bis bogig überhängend, ausläuferbildend.
Blatt: Lineal-lanzettlich, Stängel dicht beblättert, hellgrün.
Blüte: Körbchen, locker verzweigter Blütenstand, leuchtend gelb, IX–X.
Fruchtstand: Körbchen.
Standort: Durchlässige, kalkreiche Böden in voller Sonne.
Lebensbereiche: Fr,3,so, –b: Freifläche; feucht; sonnig; beetstaudenähnlich. Auch Beet.
Verwendung: Einzeln, am schönsten an Wasserflächen. Verträgt aber auch sehr gut Trockenheit, ist dann sogar standfester!
Vermehrung: Teilung im Frühling.

Helleborus-Sorten
Christrose
Ranunculaceae, Hahnenfußgewächse

Heimat: Züchtung.
Wuchsform: Dichtbuschig, aufrecht, langlebig.
Blatt: Handförmig geteilt, dunkelgrün, immergrün.
Blüte: Schalenförmig, großblumig, 1- bis 2-blütig, rosa bis schwarzrot, III–IV.
Frucht: Balgfrucht mit braun-schwarzen Samen.
Standort: Im Halbschatten humoser, kalkhaltiger Böden.
Lebensbereiche: GR,2,so–hs: Gehölzrand; frisch; sonnig bis halbschattig. Auch Gehölz.
Verwendung: In kleinen Trupps zu Gehölzen. Schnittpflanze.
Vermehrung: Teilung im Herbst oder nach der Blüte, Aussaat sofort nach der Ernte.
Sorte: 'Atrorubens', rot (Bild).
Hinweis: Auf Pilzbefall achten.

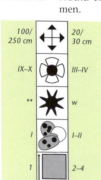

Hemerocallis-Sorten
Garten-Taglilie
Hemerocallidaceae, Tagliliengewächse

Heimat: Züchtung.
Wuchsform: Überhängend, horstig, Wurzelstock fleischig.
Blatt: Linealisch, schmal.
Blüte: In gabelästig verzweigten Schäften, lilienartig, trichter-, trompeten- oder schalenförmig, klein oder groß, in allen möglichen Farben je nach Sorte. Einzelblüte hält nur einen Tag. Auch 2- oder 3-farbig! VI–VIII (–IX).
Frucht: 3-teilige Kapsel.
Standort: Vollsonnige, nährstoffreiche Böden.
Lebensbereiche: B,2,so: Beet; frisch, sonnig. Auch Freifläche.
Verwendung: (Schnitt) Beet.
Vermehrung: Teilung im Vorfrühling oder nach der Blüte. Aussaat im Frühling.
Sorte: 'Corky', gelb, kleinblumig, ab Mai; großblumige Sorten ab VI: 'Atlas', gelb; 'Bed of Roses', *, rosa; 'Crimson Glory', rot (Bild).

Heuchera-Sorten
Purpurglöckchen
Saxifragaceae, Steinbrechgewächse

Heimat: Züchtung. Arten aus Amerika.
Wuchsform: Buschig, horstig, verdickte Erdstämme.
Blatt: Herzförmig gelappt, langgestielt, grün oder rötlich, wintergrün.
Blüte: An fein verzweigten Rispen, glockenförmig, weiß, rosa, rot, V–VII.
Frucht: Kleine Kapsel.
Standort: Humose Böden im Halbschatten, nur gelegentlich austrocknend.
Lebensbereiche: GR,2,hs: Gehölzrand; frisch; halbschattig. Freifläche und Steinanlagen.
Verwendung: Als Gruppenpflanze in Steingärten und vor Gehölzen. Schnittpflanze.
Vermehrung: Teilung im Vorfrühling.
Sorte: 'Red Spangles', **, scharlach; 'Scintillation', **, leuchtend rosa; 'Silberregen', Li, weiß.
Hinweis: Auf Nematoden achten.

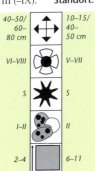

40–50/ 60–80 cm	10–15/ 40–50 cm
VI–VIII	V–VII
S	S
I–II	II
2–4	6–11

Hosta 'Fortunei'
(Syn.: Hosta fortunei)
Graublatt-Funkie
Hostaceae, Funkiengewächse

Heimat: Japan.
Wuchsform: Horstbildend, halbkugelig.
Blatt: Herzförmig, lang gestielt, Blatt mit 8–10 Nervenpaaren, mattgrün bereift.
Blüte: Blütentrauben mit hellvioletten, lilienartigen Einzelblüten, VII–VIII.
Frucht: 3-teilige Kapseln, schwarze Samen. Wird selten gebildet.
Standort: Vor und unter Gehölzen in humosen, kalkarmen Böden.
Lebensbereiche: GR,2,hs: Gehölzrand; frisch; halbschattig. Auch Gehölz.
Verwendung: Einfassungen, Rabatten, unter Gehölzen aller Art.
Vermehrung: Teilung im Frühling.
Sorte: 'Stenantha', Schlankblütige Funkie, hellgrün, Blüten rötlichviolett (Bild).
Hinweis: Robust, aber durch Schnecken gefährdet. Hostas treiben spät aus.

Hosta-Sorten
Funkien
Hostaceae, Funkiengewächse

Heimat: Züchtungen.
Wuchsform: Horstbildend, halbkugelig.
Blatt: Herzförmig, lang gestielt. Oft schöne gelbe Herbstfärbung.
Blüte: Blütentrauben mit hellvioletten, lilienartigen Einzelblüten, VII–VIII.
Frucht: Wird selten gebildet.
Standort: Vor und unter Gehölzen in humosen, kalkarmen Böden.
Lebensbereiche: GR,2,hs: Gehölzrand; frisch; halbschattig. Auch Gehölz.
Verwendung: Einfassungen, Rabatten, unter Gehölzen aller Art.
Vermehrung: Teilung im Frühling.
Sorte: 'Krossa Regal', 90–160 cm hoch, blaugraues Laub, trichterbildend; 'Patriot', 70 cm, Laub breit, dunkelgrün mit weißem Rand (Bild).
Hinweis: Robust, aber durch Schnecken gefährdet.

Hyacinthus orientalis
Hyazinthe
Hyacinthaceae, Hyazinthengewächse

Heimat: Östliches Mittelmeergebiet.
Wuchsform: Aufrechter Blütenstand, Laub abstehend, Zwiebel breitkugelig, groß.
Blatt: Steif abstehend, fleischig, glänzend grün.
Blüte: Sternartige Röhrenblüten in dichter Traube in weiß, gelb, rosa, rot, blau, IV– V. Intensiver Duft.
Frucht: Bildet kaum Früchte aus.
Standort: Durchlässige Gartenböden in voller Sonne.
Lebensbereiche: <u>B</u>,2,so: Beet, frisch; sonnig.
Verwendung: Meist als präparierte Zwiebel zur Topftreiberei.
Vermehrung: Brutzwiebeln. Bildung durch Kreuzschnitt am Zwiebelboden.
Sorte: 'Amethyst', blau; 'Carnegie', weiß; 'Jan Bos' rot.
Hinweis: Präparierte Zwiebeln blühen im Winter im Wasserglas.

Hypericum calycinum
Teppich-Johanniskraut
Clusiaceae, Clusiagewächse

Heimat: O-Europa, S-Europa, Türkei.
Wuchsform: Flach ausgebreitet, Triebe aufrecht, wuchert durch Bodentriebe. Halbstrauch.
Blatt: Oval, gegenständig angeordnet, blaugrün, immergrün.
Blüte: Schalenförmig, mit vielen Staubfäden, 7 cm groß, goldgelb, VII–IX.
Frucht: Grüne Kapsel, selten.
Standort: Sonnige Magerwiesen und vor Gehölzen.
Lebensbereiche: <u>GR</u>,1–2,so–sch: Gehölzrand; trocken bis frisch; sonnig bis schattig.
Verwendung: In Gruppen oder großen Mengen als Flächenbegrüner.
Vermehrung: Teilung im Frühling, Stecklinge im Sommer.
Hinweis: Laub kann in strengen Wintern leiden.

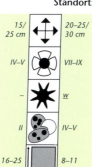

Iberis sempervirens
Schleifenblume
Brassicaceae, Kohlgewächse

Heimat: S-Europa, Kleinasien, Kreta.
Wuchsform: Niederliegend, kissenbildend, horstig.
Blatt: Spatelig, 2–3 cm lang, dunkelgrün, immergrün.
Blüte: In flachen, endständigen Trugdolden, Weiß. Einzelblüte mit je 2 kurzen und 2 langen Blütenblättern, bildet eine Schleife, IV–V.
Frucht: Schötchen eiförmig.
Standort: Durchlässige Kalkmagerwiesen in sonniger Lage.
Lebensbereiche: <u>MK,1–2,so</u>: Mauerkronen; trocken bis frisch; sonnig. Auch <u>Steinanlagen</u>.
Verwendung: In Steingärten und auf Mauern, Troggärten, Gräber.
Vermehrung: Stecklinge im Sommer.
Sorte: 'Nana', Li, noch gedrungener; 'Schneeflocke', ***, 25 cm.
Hinweis: Rückschnitt nach der Blüte.

Iris-Barbata-Elatior-Gruppe
Hohe Schwertlilie
Iridaceae, Schwertliliengewächse

Heimat: Züchtungen.
Wuchsform: Aufrecht, dicke Rhizome bildend, Stängel steif, verzweigt.
Blatt: Schwertförmig, ganzrandig, spitz, grün.
Blüte: Zu mehreren in scheidigen Hüllblättern, end- und achselständig. Blütenblätter in 2 Kreisen, je 3 Dom- und Hängeblätter, letztere mit Bart, 10–15 cm groß. In vielen Farbkombinationen, VI.
Frucht: 3-klappige Kapsel.
Standort: Durchlässige, nährstoffreiche Böden in voller Sonne, kalkliebend.
Lebensbereiche: <u>B,1–2,so</u>: Beet; trocken bis frisch; sonnig. Auch <u>Freifläche</u>.
Verwendung: Auf Beeten und Rabatten. Schnittpflanze.
Vermehrung: Teilung der Rhizome nach der Blüte im Sommer. Aussaat.
Sorte: Jährlich neue Sorten siehe Spezialkataloge.
Hinweis: Keine Winternässe.

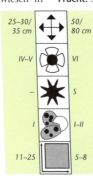

Iris-Barbata-Nana-Gruppe
Niedere Schwertlilie
Iridaceae, Schwertliliengewächse

Heimat: Züchtungen.
Wuchsform: Aufrecht, dicke Rhizome bildend, Stängel steif, verzweigt.
Blatt: Schwertförmig, ganzrandig, grün, spitz.
Blüte: Zu mehreren in scheidigen Hüllblättern, end- und achselständig. Blütenblätter in 2 Kreisen, je 3 Dom- und Hängeblätter, letztere mit Bart, 10–15 cm groß. In vielen Farbkombinationen, IV–V.
Frucht: 3-klappige Kapsel.
Standort: Durchlässige, nährstoffreiche Böden in voller Sonne, kalkliebend.
Lebensbereiche: <u>FS,1,so</u>: Felssteppe; trocken; sonnig. Auch <u>Steppenheide</u>, <u>Steinanlagen</u>, <u>Freifläche</u>.
Verwendung: Als Einfassung für Rabatten, in kleinen Gruppen im Steingarten. Dachbegrünung.
Vermehrung: Teilung der Rhizome nach der Blüte im Sommer. Aussaat.
Sorte: Jährlich neue Sorten.

Kniphofia-Sorten
Garten-Fackellilie
Asphodelaceae, Junkerliliengewächse

Heimat: Züchtung, die Arten aus S-Afrika.
Wuchsform: Straff aufrecht, die Blätter überhängend, horstig.
Blatt: Schmal, gekielt, ausladend bis überhängend, wintergrün.
Blüte: Runder, blattloser Schaft endet in 15–30 cm langen Ähren, Einzelblüte röhrig, 2–4 cm lang, orange und gelb, VII–IX.
Frucht: Kugelig, wird bei uns selten ausgebildet.
Standort: Durchlässige Böden in voller Sonne. Gut vor Gebäuden.
Lebensbereiche: <u>B,1–2,so</u>: Beet; trocken bis frisch; sonnig. Auch <u>Freifläche</u>.
Verwendung: Einzeln in Staudenbeeten. Schnittpflanze.
Vermehrung: Teilung im April.
Sorte: 'Canary', goldgelb; 'Express Hybrids', orange; 'Prince Igor', orange (Bild); 'Royal Standard', gelb mit orangerot, beste Schnittsorte.

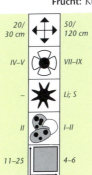

Leucanthemum maximum
Sommer-Margerite
Asteraceae, Asterngewächse

Heimat: Züchtung. Die Art stammt aus den Pyrenäen.
Wuchsform: Aufrecht, lockerhorstig.
Blatt: Lanzettlich, am Rand gezähnt, bis 12 cm lang, dunkelgrün.
Blüte: Blütenköpfe bis 10 cm groß, weiße Zungenblüten um gelbe Mitte, VII–IX.
Fruchtstand/Frucht: Körbchen, Samen länglich.
Standort: Tiefgründige, nährstoffreiche Böden in voller Sonne.
Lebensbereiche: B,2,so: Beet; frisch; sonnig.
Verwendung: Beete, Rabatten. Schnittpflanze.
Vermehrung: Teilung im Vorfrühling.
Sorte: 'Beethoven', **; 'Christine Hagemann', **, gefüllt; 'Wirral Supreme', *, gefüllt (Bild).

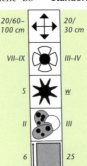

Leucojum vernum
Märzenbecher, Frühlings-Knotenblume
Amaryllidaceae, Amaryllisgewächse

Heimat: Mitteleuropa, S-Europa.
Wuchsform: Blätter überhängend, Blüten aufrecht, horstige Zwiebelpflanze. Zieht nach der Blüte ein.
Blatt: Linealisch, glänzend, dunkelgrün.
Blüte: Glockig, 1- bis 2-blütig, hängend, weiß.
Frucht: Hängende Beere, selten.
Standort: Frische, feuchte, nährstoffreiche, lehmige Böden, die auch im Sommer nicht austrocknen.
Lebensbereiche: GR,2–3,so–hs: Gehölzrand; frisch bis feucht; sonnig bis halbschattig.
Verwendung: Offene oder nur locker mit Stauden und Gräsern bepflanzte Flächen. Flächig.
Vermehrung: Samen und Brutzwiebeln (Sommer).
Hinweis: Nach der Blüte verpflanzen. Zwiebeln nicht austrocknen lassen. **Geschützte Wildpflanze.**

Lilium-Sorten
Garten-Lilien
Liliaceae, Liliengewächse

Heimat: Züchtung.
Wuchsform: Aufrechte, horstbildende Zwiebelpflanze.
Blatt: Breit-lanzettlich, grün.
Blüte: Große Trichterblüten am Stielende, in vielen Farben je nach Sorte, VI–VII.
Frucht: Kapsel.
Standort: Sonnige, meist saure, durchlässige Humusböden.
Lebensbereiche: <u>B,2,so</u>: Beet; frisch; sonnig. Auch <u>Gehölzrand</u>.
Verwendung: An sonnigen Plätzen im Garten und Park. Schnittpflanze.
Vermehrung: Aussaat, Abtrennen der Zwiebelschuppen.
Sorte: 'Cinnabar', 80 cm, dunkelrot; 'Enchantment', rot; 'Schellenbaum', (Bild), rot, 180 cm.
Hinweis: Vor Schnecken schützen.

Linum narbonense
Südfranzösischer Lein
Linaceae, Leingewächse

Heimat: Westlicher Mittelmeerraum.
Wuchsform: Aufrecht, locker überhängend, horstig.
Blatt: Lineal, kurz, grün, Stängel beblättert.
Blüte: Schalenförmig, in Doldentrauben, blau, V–VIII.
Frucht: Kugelige Kapsel.
Standort: Durchlässige Kalkböden in voller Sonne.
Lebensbereiche: <u>SH,1,so</u>: Steppenheide; trocken; sonnig.
Verwendung: Zur Auflockerung von Wildstaudenpflanzungen, Dachbegrünung.
Vermehrung: Aussaat im Frühling. Sorten nur durch Stecklinge vermehren.
Sorte: 'Heavenly Blue', w, niedriger, dunkelblau.
Hinweis: Einzelblüten halten auf den Beeten nur bis zum Nachmittag.

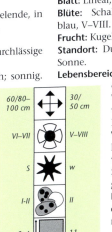

60/80–100 cm	30/50 cm
VI–VII	V–VIII
S	w
I-II	II
2–4	11

Lupinus polyphyllus
Garten-Lupine
Fabaceae, Schmetterlingsblütler

Luzula nivea
Schnee-Marbel
Juncaceae, Binsengewächse

Heimat: Züchtung, Art aus N-Amerika.
Wuchsform: Aufrecht, horstig. An den Wurzeln Knöllchen (Knöllchenbakterien sammeln Stickstoff). Stiele hohl.
Blatt: Im Umriss rund, handförmig geteilt, lang gestielt, leicht behaart, hellgrün.
Blüte: Trauben bis 50 cm über dem Laub, Einzelblüten 2 cm, in vielen Farben, VI– VIII.
Frucht: Hülse 4–6 cm lang, Samen 3 mm groß, braun.
Standort: Durchlässige, humose, meist kalkarme Böden in voller Sonne.
Lebensbereiche: Fr,2,so: Freifläche; frisch, sonnig. Auch Gehölzrand.
Verwendung: Im Staudenbeet wichtiger Vorsommerblüher. Schnittpflanze.
Vermehrung: Aussaat, Stecklinge mit Wurzelansatz (Rübenartige Wurzel).
Sorte: 'Edelknabe', karminrot mit violett. Viele weitere Sorten.

Heimat: Alpen, Apennin, Pyrenäen.
Wuchsform: Aufrecht, leicht überhängend, horstig.
Blatt: Schmal, am Rand behaart, immergrün.
Blüte: Gedrungene Rispe. Blüten in Büscheln am Ende der Stiele, weiß, VI-VII.
Fruchtstand/Frucht: Braune Büschel, Karyopse.
Standort: Durchlässige, humose, auch sandige Böden im Halbschatten.
Lebensbereiche: GR,2,hs–sch: Gehölzrand; frisch; halbschattig bis schattig. Auch Gehölz.
Verwendung: In grössern Gruppen, wirkt auch in der Fläche, vor Gehölzen. Schnittpflanze. Trockenbinderei.
Vermehrung: Teilung und Aussaat im Frühling.
Sorte: 'Schneehäschen', 'Silberglanz', kleinwüchsige Auslesen.
Hinweis: Selbstaussaat an geeigneten Stellen.

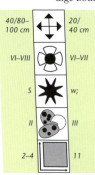

Lysimachia nummularia
Pfennigkraut
Primulaceae, Primelgewächse

Heimat: Europa, Kaukasus.
Wuchsform: Teppichartig kriechend, oberirdische Ausläufer bildend.
Blatt: Rundlich, kreuzgegenständig angeordnet, dem Boden flach aufliegend, grün.
Blüte: Schalenblüte achselständig, gelb, V–VII.
Frucht: Kleine Kapseln.
Standort: Feuchte Wiesengräben, Bachränder, meist sonnig. Standorte dürfen nicht austrocknen.
Lebensbereiche: GR,2–3,so–hs: Gehölzrand; frisch bis feucht; sonnig bis halbschattig. Auch Freifläche und Wasserrand.
Verwendung: Wichtiger Bodendecker für Teich- und Bachränder, auch Grabstätten.
Vermehrung: Teilung der Triebe, bewurzelt sich an den Knoten.
Sorte: 'Aurea', Li, goldgelbes Laub.

Lythrum salicaria
Blut-Weiderich
Lythraceae, Weiderichgewächse

Heimat: Asien, Europa, Mittelmeergebiete, N-Amerika.
Wuchsform: Straff aufrecht, horstig.
Blatt: Lanzettlich, ganzrandig, grün.
Blüte: In ährigem Blütenstand, achselständig, violettrosa, VI–VIII.
Frucht: Kleine Kapsel.
Standort: Wassernahe Plätze, an Gräben, kalkarmen Feuchtwiesen und Mooren.
Lebensbereiche: Fr,3,so: Freifläche; feucht, sonnig. Auch Wasserrand.
Verwendung: In kleinen Trupps an Teichen, Naturgärten und Bächen. Schnittpflanze. Trockenbinderei.
Vermehrung: Aussaat im Vorfrühling oder Stecklinge bei Sorten.
Sorte: 'Feuerkerze', *, rosarot; 'The Beacon', dunkelrot, 80 cm.
Hinweis: Breitet sich durch Selbstaussaat an geeigneten Standorten aus.

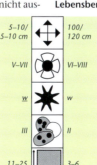

5–10/ 5–10 cm	100/ 120 cm
V–VII	VI–VIII
w	w
III	II
11–25	3–6

Melica ciliata
Wimper-Perlgras
Poaceae, Süßgräser

Heimat: Europa, Kaukasus.
Wuchsform: Buschig, aufrecht, lockerhorstig.
Blatt: Schmal, matt grau-grün.
Blüte: Ährenrispe zylindrisch, bei der Reife gelbweiß, V–VII.
Frucht: Karyopse, stark bewimpert.
Standort: Sonnige Kalkfelsen und Berghänge, durchlässige Magerböden.
Lebensbereiche: FS,1,so: Felssteppe, trocken; sonnig. Auch Steppenheide und Steinanlagen.
Verwendung: Extensive Dachbegrünung, Geröllhänge und andere Steppenpflanzungen. Schnittpflanze. Trockenbinderei
Vermehrung: Aussaat problemlos, sät sich oft selbst aus.

Miscanthus sinensis 'Silberfeder'
Chinaschilf
Poaceae, Süßgräser

Heimat: Züchtung.
Wuchsform: Aufrecht bis überhängend, lockerhorstig.
Blatt: Schmal, bandartig, ca. 60 cm lang.
Blüte: Silbrige Blütenrispen, VIII–X, erscheinen regelmässig.
Frucht: Karyopse.
Standort: Durchlässige, nährstoffreiche Böden in voller Sonne.
Lebensbereiche: Fr,2,so, –b: Freifläche; frisch; sonnig; beetstaudenähnlich. Auch Beet.
Verwendung: Einzeln oder in kleinen Gruppen vor Gebäuden, Staudenbeeten.
Vermehrung: Teilung im Vorfrühling.
Hinweis: Blüht regelmäßig.

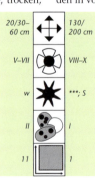

20/30–60 cm	130/200 cm
V–VII	VIII–X
w	***; S
II	I
11	1

Molinia arundinacea
Rohr-Pfeifengras
Poaceae, Süßgräser

Heimat: Europa.
Wuchsform: Aufrecht, horstig.
Blatt: Breit-lineal, grün, im Herbst goldgelb.
Blüte: Gelbgrün, an steifen, knotenlosen Halmen, Rispen verzweigt, VIII–X.
Fruchtstand/Frucht: Karyopsen an verzweigten Rispen.
Standort: Durchlässige Böden in voller Sonne.
Lebensbereiche: Fr,2–3,so–hs: Freifläche; frisch bis feucht; sonnig bis halbschattig. Gehölzrand.
Verwendung: Einzeln in größeren Gärten, am trockenen Teichrand. Schnittpflanze. Trockenbinderei.
Vermehrung: Teilung im Vorfrühling.
Sorte: 'Karl Foerster', w, 200 cm (Bild); 'Transparent', w, 180 cm.
Hinweis: Stattliches Gras.

Monarda-Sorten
Garten-Indianernessel
Lamiaceae, Taubnesselgewächse

Heimat: Züchtung.
Wuchsform: Aufrecht, ausläuferbildend.
Blatt: Eiförmig zugespitzt, kreuzgegenständig, flaumig behaart, grün.
Blüte: Quirlständige Köpfe in Etagen, Einzelblüte lippig, rosa, rot, weiß, VII–IX.
Frucht: Kleine Nüsschen.
Standort: Trockene Plätze in voller Sonne, normale, nährstoffreiche Gartenböden.
Lebensbereiche: B,2,so: Beet; frisch; sonnig. Auch für Freiflächen.
Verwendung: Einzeln oder in kleinen Gruppen in Staudenbeeten und Rabatten. Bienenweide. Schnittpflanze. Trockenbinderei (abgeblühte Stiele).
Vermehrung: Teilung im Vorfrühling.
Sorte: 'Adam', *, karminrot; 'Donnerwolke', **, weinrot'; 'Morgenröte', **, lachsrot.

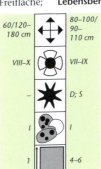

60/120–180 cm | 80–100/90–110 cm
VIII–X | VII–IX
– | D; S
I | I
1 | 4–6

Muscari armeniacum
Armenische Traubenhyazinthe
Hyacinthaceae, Hyazinthengewächse

Heimat: Bulgarien, Jugoslawien, Kleinasien, Kaukasus.
Wuchsform: Aufrechte Blütentrauben, Blätter bogig, horstbildende Zwiebelpflanze.
Blatt: Lineal, dunkelgrün, erscheint schon im Herbst in einer Rosette (wintergrün). Blätter ziehen nach der Blüte ein.
Blüte: Dichte Blütentraube mit kleinen, krugförmigen Glöckchen, blau, III–IV.
Frucht: 3-klappige, kleine Kapsel, schwarze Samen.
Standort: Durchlässige Kalkböden in voller Sonne.
Lebensbereiche: <u>Fr,1–2,so</u>: Freifläche; trocken bis frisch; sonnig. Auch <u>Steinanlagen</u>.
Verwendung: In kleinen Gruppen in meist kalkreichen Böden. Steingärten. Schnittpflanze.
Vermehrung: Teilung im Juni.
Sorte: 'Cantab', himmelblau.
Hinweis: Kugelige Zwiebel.

Narcissus cyclamineus
Alpenveilchen-Narzisse
Amaryllidaceae, Amaryllisgewächse

Heimat: Spanien bis Portugal.
Wuchsform: Aufrecht, lockerhorstige Zwiebelpflanze. Zieht nach der Blüte ein.
Blatt: Schmal-lineal, gekielt, grün.
Blüte: Nickend, goldgelb, Krone schlank, röhrenförmig; Perianth zurückgeschlagen, II–III.
Frucht: Fleischige Kapsel, 3-teilig, wird selten ausgebildet.
Standort: Trockene Magerwiesen, sonnig.
Lebensbereiche: <u>Fr,1–2,so</u>: Freifläche; trocken bis frisch; sonnig. Auch <u>Steinanlagen</u>.
Verwendung: In kleinen Gruppen für den Steingarten, Vorfrühlingsecke unter Sträuchern. Topftreiberei.
Vermehrung: Brutzwiebeln, im Sommer aufnehmen, Pflanzung ab September.
Sorte: 'February Gold', gelb; 'Jumblie', orangegelbe Röhre, gelbes Perianth.

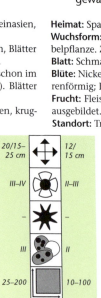

Narcissus pseudonarcissus
Trompeten-Narzisse, Osterglocke
Amaryllidaceae, Amaryllisgewächse

Heimat: Italien, Schweiz, W-Europa.
Wuchsform: Aufrecht, lockerhorstig Zwiebelpflanze. Zieht nach der Blüte ein.
Blatt: Schmal-lineal, gekielt, grün.
Blüte: Groß, röhrig, goldgelb, Krone breit; Perianth ausgebreitet, III–IV.
Frucht: Fleischige Kapsel, 3-teilig, selten.
Standort: Nährstoffreiche, sonnige Wiesen.
Lebensbereiche: Fr,1–2,so: Freifläche; trocken bis frisch; sonnig.
Verwendung: In kleinen Gruppen für Beete, Vorfrühlingsecke. Schnittpflanze. Treiberei.
Vermehrung: Brutzwiebeln, Pflanzung ab September.
Sorte: Etwa 10.000 Narzissensorten sind registriert worden.
Hinweis: Die Stiele sondern nach dem Schnitt ein schleimiges Sekret ab, ungünstige Wirkung auf andere Blumen in der Vase.

Nepeta × faassenii
Katzenminze
Lamiaceae, Taubnesselgewächse

Heimat: Züchtung.
Wuchsform: Buschig, horstbildend.
Blatt: Eiförmig, gekerbter Blattrand, gegenständig, graugrün, Triebe dicht beblättert.
Blüte: Lippenblüten lavendelblau, in 15 cm langen Quirlen, V–VII, nach Rückschnitt IX.
Frucht: Nüsschen, unauffällig.
Standort: Durchlässige Böden in voller Sonne.
Lebensbereiche: FS,1,so: Felssteppe; trocken; sonnig. Auch Freifläche und Steinanlagen.
Verwendung: Vielseitige Pflanze, für Beeteinfassungen, zu Rosen oder in Steingärten.
Vermehrung: Teilung im Frühling und Stecklinge im Sommer.
Sorte: 'Blauknirps', 20 cm; 'Six Hills Giant', große Katzenminze, 60 cm.
Besonderes: Duftet intensiv, zieht Katzen an.

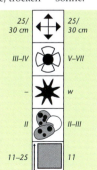

25/30 cm	25/30 cm
III–IV	V–VII
–	W
II	II–III
11–25	11

Nymphaea-Sorten
Seerose
Nymphaeaceae, Seerosengewächse

Heimat: Züchtung.
Wuchsform: Schwimmblättrige Wasserpflanze, armdicke Rhizome waagerecht.
Blütenhöhe: 0/10 cm über dem Wasser.
Blatt: Herzförmig, 20 cm groß, oft gefleckt, ganzrandig, glänzend grün, schwimmend.
Blüte: 10–20 cm Durchmesser, je nach Sorte weiß, gelb, rosa, rot, schließt sich am Nachmittag, schwimmt auf dem Wasser, V–X.
Frucht: Kugelig, Samen steril.
Standort: Stehende kalkarme Gewässer, 60–120 cm tief, sonnig.
Lebensbereiche: W,6,so: Wasser; Schwimmblattpflanzen; sonnig.
Verwendung: Für kleinere und größere Wasserflächen, einzeln. Schnittpflanze.
Sorte: 'James Brydon', kirschrot (Bild); 'Laydekeri Purpurata', karminrot; 'Rosennymphe', rosa.
Vermehrung: Teilung.
Hinweis: Pflanzung in kräftigem Lehmboden.

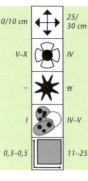

Pachysandra terminalis
Ysander
Buxaceae, Buchsbaumgewächse

Heimat: Japan.
Wuchsform: Flach, Triebe aufstrebend, gelbgrün, verholzend. Bildet unterirdische Ausläufer.
Blatt: Rhombisch, grob gezähnt, 5–6 cm lang, gelbgrün, immergrün.
Blüte: Unscheinbar, über dem Laub, weißlich, IV.
Standort: Humusreiche, leicht saure Böden im Halbschatten.
Lebensbereiche: G,2,hs: Gehölz; frisch; halbschattig. Auch Gehölzrand.
Verwendung: In größeren Mengen als dichter Bodendecker in nicht zu schweren Böden. Blattschmuck.
Vermehrung: Teilung, Stecklinge, Wurzelschnittlinge im Winterhalbjahr.
Sorte: 'Green Carpet' (Bild), w, 15 cm; 'Variegata', Li, weißgrünes Laub.
Hinweis: Enthält Alkaloide.

Paeonia officinalis
Bauern-Pfingstrose
Paeoniaceae, Pfingstrosengewächse

Heimat: Frankreich, S-Alpen.
Wuchsform: Dichtbuschig, horstig. Braune, spindelförmige Wurzelknollen.
Blatt: Doppelt 3-zählig, glattrandig, matt dunkelgrün.
Blüte: Am Stielende bis zu 15 cm Durchmesser, einfach blühend, rosa mit gelben Staubgefäßen, V–VI.
Frucht: Balgfrucht mehrteilig, bis 5 cm lang. Samenkörner groß, schwarz, giftig!
Standort: Rabatten in voller Sonne, gut in lehmig-humosen, nährstoffreichen Böden.
Lebensbereiche: GR,2,so: Gehölzrand; frisch; sonnig. FR.
Verwendung: Einzeln oder in kleinen Gruppen auf Rabatten. Schnittpflanze.
Vermehrung: Teilung der Horste im Herbst.
Sorte: 'Alba Plena', **, weiß gefüllt; 'Rubra Plena', **, rot gefüllt.

Panicum virgatum
Rutenhirse
Poaceae, Süßgräser

Heimat: Mittleres und östliches N-Amerika.
Wuchsform: Aufrecht, bogig überhängend, horstig.
Blatt: Schmal, bandförmig, grün, im Herbst gelb.
Blüte: Lockere Rispe steif-aufrecht, VII–IX.
Fruchtstand/Frucht: Karyopsen klein, am Ende der Blütenrispen.
Standort: Trockenwiesen in voller Sonne, durchlässige Böden.
Lebensbereiche: Fr,1–2,so: Freifläche; frisch; sonnig.
Verwendung: Auflockerung von Wildstaudenpflanzungen, Schnittpflanze. Trockenbinderei
Vermehrung: Teilung im Vorfrühling.
Sorte: 'Hänse Herms', w, 80 cm; 'Rehbraun', 100 cm (Bild); 'Rotstrahlbusch', w, 80 cm; alle sind standfester als die Art, rotes Herbstlaub.
Hinweis: Wirkungsvoll mit Raureif.

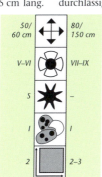

50/60 cm	80/150 cm
V–VI	VII–IX
S	–
I	I
2	2–3

Papaver nudicaule
Island-Mohn
Papaveraceae, Mohngewächse

Heimat: Subarktische Gebiete Amerikas und Asiens.
Wuchsform: Blattschöpfe grundständig, horstbildend.
Blatt: Fiederspaltig, bläulich grün.
Blüte: Schalenförmig, an blattlosem, behaarten Stängel über dem Laub, weiß, gelb, rot, Knospe nickend, V–VIII.
Frucht: Kapsel aufrecht, Streufrucht.
Standort: Durchlässige kalkarme Böden in voller Sonne.
Lebensbereiche: <u>Fr,2,so, –b</u>: Freifläche; frisch; sonnig; beetstaudenähnlich. <u>Steinanlagen</u>.
Verwendung: Einzeln oder in kleinen Gruppen im Steingarten oder in der Rabatte.
Vermehrung: Aussaat im Vorfrühling.
Sorte: Eine Anzahl von Farbsorten für Schnitt, sind aber kurzlebig (meist 2-jährig). Große Variationsbreite.

Papaver orientale
Türkischer Mohn
Papaveraceae, Mohngewächse

Heimat: Kaukasus, Armenien, Nordiran.
Wuchsform: Aufrecht bis bogig, horstartig. Zieht nach der Blüte ein. Lange fleischige Wurzeln.
Blatt: Fiederteilig, stark behaart, bis 50 cm lang, grün, Milchsaft führend, nach der Blüte einziehend.
Blüte: Bis 18 cm groß, schalenförmig, weiß, orange, rosa, rot, V–VI.
Frucht: Kapseln aufrecht mit vielen feinen Samen.
Standort: Durchlässige, leichte und schwere Böden. Auch <u>Beet</u>.
Lebensbereich: <u>Fr,2,so</u>: Freifläche; frischer Boden; sonnig.
Verwendung: Einzeln auf Beeten und Wildstaudenpflanzungen in voller Sonne. Schnittpflanze (immer knospig schneiden).
Vermehrung: Wurzelschnittlinge im Winter. Teilung nach der Blüte.
Sorte: 'Catharina', **, lachs, 0,8 m; 'Sturmfackel', **, feuerrot (Bild).

Pennisetum alopecuroides
(Syn.: Pennisetum compressum)
Australisches Lampenputzergras
Poaceae, Süßgräser

Heimat: Australien, O-Asien.
Wuchsform: Dichtbuschig, horstig.
Blatt: Schmal, bandförmig, im Herbst gelbbraun.
Blüte: Braune, borstige Ähren, 25 cm groß, an langen Stielen, VIII–IX.
Frucht: Borstige Karyopse, Samen werden bei uns selten reif.
Standort: Trocken und warme Plätze, nur durchlässige Böden.
Lebensbereiche: Fr,1–2,so, –b: Freifläche; trocken bis frisch; sonnig, beetstaudenähnlich.
Verwendung: Einzeln oder in kleinen Gruppen in Beeten, Rabatten, an der Terrasse, Stein- und Heidegärten.
Vermehrung: Teilung im April.
Sorte: 'Hameln', ***, nur 60 cm hoch (Bild).
Hinweis: Pflanzen teilen, (IV) sobald Blühwilligkeit nachlässt.

Phlomis russeliana
(Syn.: Phlomis samia)
Brandkraut
Lamiaceae, Taubnesselgewächse

Heimat: Kleinasien, Griechenland.
Wuchsform: Aufrecht, lockerhorstig, kurze Ausläufer treibend.
Blatt: Grundständig, eiförmig bis lanzettlich, gestielt, alle Teile drüsig behaart.
Blüte: Stiele 4-kantig, Blüten bis zu 20 in Quirlen, gelbe Lippenblüten, VI–VIII.
Fruchtstand: Etagenartig, braun.
Standort: Durchlässige, auch magere Böden in voller Sonne.
Lebensbereiche: Fr,1,so: Freifläche; trocken; sonnig. Auch Felssteppe, Gehölzrand.
Verwendung: Einzeln oder in Gruppen in Beeten, Rabatten und größeren Steingärten. Schnittpflanze. Trockenbinderei. Fruchtstand ziert im Winter.
Vermehrung: Teilung und Aussaat im Frühling.
Hinweis: Pflanze in strengen Wintern schützen.

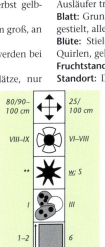

Phlox paniculata
Hohe Flammenblume
Polemoniaceae, Sperrkraut-
gewächse

Heimat: Züchtung.
Wuchsform: Aufrecht, horstbildend.
Blatt: Gegenständig, breitlanzettlich, 8–10 cm lang, glattrandig, dunkelgrün.
Blüte: End- und achselständige Doldentrauben. Einzelblüte mit langer Blütenröhre, 2–3 cm groß, in vielen Farben von weiß, rosa, rot, VI–VIII.
Frucht: Kugelige Kapsel.
Standort: Tiefgründige, nährstoffreiche Böden, sonnig.
Lebensbereiche: B,2,so: Beet, frisch; sonnig.
Verwendung: Einzeln oder in Gruppen auf Beeten.
Vermehrung: Teilung im Frühling; Wurzelschnittlinge, I.
Sorte: 'Aida', **, rotviolett; 'Landhochzeit', ***, rosa, 'Orange', ***, orangerot; 'Württembergia', ***, rosa mit weiß (Bild).
Hinweis: Auf Mehltau und Nematoden achten.

Polygonatum × hybridum 'Weihenstephan'
Salomonssiegel
Convallariaceae, Maiglöckchen-
gewächse

Heimat: Züchtungen aus *P. multiflorum* × *P. odoratum*.
Wuchsform: Aufrecht bis übergebogen, rhizombildend.
Blatt: Elliptisch, ganzrandig, grün, im Herbst gelb, zieht dann ein.
Blüte: Röhrenförmig, aus den Blattachseln entspringend, hängend, weiß, V–VI.
Fruchtstand/Frucht: Kugelige Beere, blau.
Standort: Halbschattige Lagen in humosen Böden.
Lebensbereiche: GR,2,hs: Gehölzrand; frisch; halbschattig. Auch Gehölz.
Verwendung: Einzeln unter höheren Bäumen zwischen Bodendeckern.
Vermehrung: Teilung der dicken Rhizome im Frühling oder Herbst.

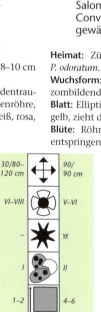

30/80–120 cm		90/90 cm
VI–VIII		V–VI
—		w
I		II
1–2		4–6

Polystichum setiferum
Weicher Schildfarn
Dryopteridaceae, Wurmfarngewächse

Heimat: Europa.
Wuchsform: Bogig ausladend, horstig.
Blatt: 2-fach gefiedert, 20 cm breit, schmallanzettlich, mattgrün, wintergrün. Unterseits dicht mit braunen Streuschuppen bedeckt. Wedel bilden einen Trichter, Sori klein, unterseits 2-reihig.
Standort: Schattenhänge der Berge, Urgesteinsböden der Laubmischwälder. Hohe Luftfeuchtigkei.
Lebensbereiche: G,2,hs: Gehölz; frisch; halbschattig. Gehölzrand.
Verwendung: In humosen Böden zwischen Gehölzen.
Vermehrung: Durch Sporen, diese reifen von VII–VIII.
Sorte: 'Proliferum', w, Schmaler Filigranfarn, Wedel 3-fach gefiedert, Brutknospen in den Fiederachseln (Bild).
Hinweis: Eine Laubdecke auf dem Boden schützt die Pflanze im Winter.

Primula denticulata
Kugel-Primel
Primulaceae, Schlüsselblumengewächse

Heimat: Afghanistan bis China.
Wuchsform: Aufrecht, horstig. Wuchshöhe/Blütenhöhe: 15–25/20–30 (später auch 50 cm).
Blatt: Spatelförmig, Rand gezähnt, bis 50 cm lang und 10 cm breit.
Blüte: Trichterblüten in kugeligem Blütenstand, violettrosa, III–IV. Der Blütenstiel streckt sich (postflorales Wachstum).
Fruchtstand/Frucht: Kugelige Kapselfrüchte in halbkugeligem Fruchtstand, bis 50 cm hoch.
Standort: Humose, durchlässige Böden im lichten Schatten.
Lebensbereiche: GR,2,so–hs: Gehölzrand; frisch; sonnig bis halbschattig. Auch Freifläche.
Verwendung: Kleinen Trupps, zu Märzenbecher und Blaustern.
Vermehrung: Aussaat, Teilung, Wurzelschnittlinge.
Sorte: 'Alba', w, weiß; 'Rubin', w, rot.

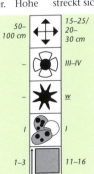

Primula vulgaris
Kissen-Primel
Primulaceae, Schlüsselblumengewächse

Heimat: Europa, Kaukasus.
Wuchsform: Rosettig, lockerhorstig.
Blatt: Spatelig, gezähnt, grün.
Blüte: Trichterblüten in Doldentrauben, hellgelb, III–IV.
Frucht: Kugelige Kapsel in bleichen Hüllblättern.
Standort: Unter und zwischen Laubgehölzen in humosem Boden.
Lebensbereiche: GR,2,hs: Gehölzrand; frisch; halbschattig. Auch Gehölz und Freifläche.
Verwendung: Wildstaudenbereiche unter spät austreibenden Laubgehölzen.
Vermehrung: Teilung, Aussaat im Vorfrühling.
Sorte: Großblütige Sorten (Züchtungen) in vielen Farben, werden im Spätherbst angeboten. Für Schalen, Friedhof, Beete, Balkon und Zimmer eignen sie sich. Blütezeit XII–IV.

Pseudolysimachion spicatum subsp. incanum
(Syn.: Veronica spicata subsp. incana)
Silberpolster-Ehrenpreis
Scrophulariaceae, Braunwurzgewächse

Heimat: SO-Europa.
Wuchsform: Niederliegend bis aufrecht, kriechend.
Blatt: Lanzettlich, graufilzig, gegenständig, bis 8 cm lang.
Blüte: In schmalen, dichten Ähren, leuchtend blau, VII–VIII.
Frucht: Kapsel.
Standort: Warme, trockene Lagen wie Trockenrasen, Schotterflächen und Dünen.
Lebensbereiche: FS,1,so: Felssteppe; trocken; sonnig. Auch Steppenheide und Freifläche.
Verwendung: In kleineren Gruppen oder großflächig als Bodendecker, gut zu Rosen.
Vermehrung: Teilung im April.
Sorte: 'Silberteppich', blau, 25 cm.

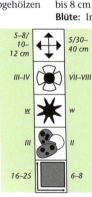

Pulmonaria angustifolia
Schmalblättriges Lungenkraut
Boraginaceae, Boretschgewächse

Heimat: Mitteleuropa bis zum Kaukasus.
Wuchsform: Kissenartig, horstig, kurze Ausläufer treibend.
Blatt: Lanzettlich, rau behaart, dunkelgrün, nicht gefleckt
Blüte: Trichterförmig, in endständiger Wickeltraube, leuchtend blau, Knospe violett, IV–V.
Frucht: Kleine Nüsschen.
Standort: Humusreiche, auch feuchte Böden, in halbschattiger Lage.
Lebensbereiche: G,2–3,hs: Gehölz; frisch bis feucht; halbschattig. Auch Gehölzrand.
Verwendung: Vor frühblühenden Gehölzen und zu Zwiebelblumen wie Narzissen. Eignet sich zum Treiben.
Vermehrung: Teilung, Aussaat im Vorfrühling.
Sorte: 'Azurea', w, enzianblau.
Munstead Blue: 30 cm, hellblau.

Pulsatilla vulgaris
(Syn.: Anemone pulsatilla)
Kuhschelle
Ranunculaceae, Hahnenfußgewächse

Heimat: Europa.
Wuchsform: Buschig, Blüten locker überhängend, horstig.
Blatt: Grundständig, behaart, fiederschnittig.
Blüte: Glockenförmig, ohne Kelch, einzeln, aufrecht bis nickend, violett, gelbe Staubgefäße, III–IV.
Fruchtstand/Frucht: Nüsschen mit federigem Griffel, zu Büscheln vereint, sehr zierend.
Standort: Magere, sonnige Wiesen auf kalkhaltigen Böden.
Lebensbereiche: SH,1,so: Steppenheide; trocken; sonnig. Auch Felssteppe und Steinanlagen.
Verwendung: Für Steingärten und durchlässige Kalkböden.
Vermehrung: Aussaat im Februar. Wurzelschnittlinge in I.
Sorte: 'Röde Klokke', tiefrot; 'Weißer Schwan', weiß.
Hinweis: Geschützte Wildpflanze.

Rodgersia aesculifolia
Kastanienblättriges Schaublatt
Saxifragaceae, Steinbrechgewächse

Heimat: Zentralchina.
Wuchsform: Aufrecht, horstig, kurze Rhizome bildend.
Blatt: Bis 50 cm groß, im Umriss rund, aber 5- bis 7-teilig, ähnlich der Rosskastanie.
Blüte: Kleine Blütchen in dichter Rispe über dem Laub, weiß, VI–VII.
Frucht: Kleine Kapseln.
Standort: Humusreiche Waldböden im Halbschatten unter Bäumen.
Lebensbereiche: G,2–3,hs: Gehölz; frisch bis feucht; halbschattig. Auch Gehölzrand.
Verwendung: Einzeln zu Rhododendron und in Gesellschaft von Farnen. Blattschmuck.
Vermehrung: Teilung und Aussaat im Vorfrühling.
Ähnliche Art: R. podophylla, Japan, zackigere, glänzende Blätter.
Hinweis: Mächtige Blattschmuckstaude.

Rudbeckia fulgida var. sullivantii 'Goldsturm'
Prächtiger Sonnenhut
Asteraceae, Asterngewächse

Heimat: Die Art stammt aus N-Amerika. Züchtungen.
Wuchsform: Dichtbuschig aufrecht, horstig.
Blatt: Bis 20 cm, herzförmig zugespitzt, Grundblätter dunkelgrün, Stängelblätter schmaler.
Blüte: Bis 12 cm breit, schwarzbraunes Köpfchen mit goldgelben Strahlenblüten, VIII–X.
Fruchtstand: Kegelförmige Köpfchen. Nach der Blüte für Trockenbinderei verwenden.
Standort: Durchlässige, gute Gartenböden in voller Sonne.
Lebensbereiche: B,2,so: Beet; frisch; sonnig. Auch Freifläche und Gehölzrand.
Verwendung: Auch in größeren Gruppen auf Beeten und Rabatten. Schnittpflanze. Trockenbinderei (Fruchtstände)
Vermehrung: Teilung nach der Blüte oder im Vorfrühling.

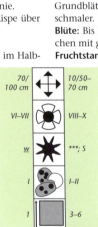

Rudbeckia nitida
Fallschirm-Sonnenhut
Asteraceae, Asterngewächse

Heimat: N-Amerika.
Wuchsform: Aufrecht, horstig.
Blatt: Grundblätter, glänzend, nicht geschlitzt, sondern breit-lanzettlich, gezähnt, hellgrün.
Blüte: Hängende Strahlenblüten mit grüner Scheibe, hellgelb, VIII–IX.
Fruchtstand: Kegelförmige Köpfchen.
Standort: Feuchte Plätze in voller Sonne, nährstoffreiche Böden.
Lebensbereiche: B,2–,so: Beet; frisch; sonnig. Auch Freifläche und Wasserrand.
Verwendung: Einzeln oder in kleinen Gruppen. Bienenweide. Schnittpflanze. Trockenbinderei.
Vermehrung: Teilung im Vorfrühling.
Sorte: 'Herbstsonne', **, 180 cm, goldgelb, bis 12 cm groß, einfach, Zungenblüten hängend (Bild).
Hinweis: Vor Schnecken schützen.

Salvia nemorosa
Steppen-Salbei
Lamiaceae, Taubnesselgewächse

Heimat: Europa, Kleinasien, Iran.
Wuchsform: Straff aufrecht, horstig.
Blatt: Oval-lanzettlich, runzelig, kreuzgegenständig, mattgrün.
Blüte: Lippenblüten in dichten Ähren, violett, VI–VII.
Frucht: Nüsschen.
Standort: Magere, durchlässige Kalkböden in voller Sonne.
Lebensbereiche: Fr,2,so: Freifläche; frisch; sonnig. Auch Steppenheide.
Verwendung: In kleinen oder größeren Gruppen in Steppengärten und zu Rosen. Extensive Dachbegrünung.
Vermehrung: Aussaat, Teilung im Vorfrühling, Stecklinge im Sommer.
Sorte: Gartenwürdiger und kompakter als die Art: 'Blauhügel', 40 cm, lavendelblau; 'Ostfriesland', 40 cm, violett; 'Rügen', **, 40 cm, leuchtend blau (Bild).

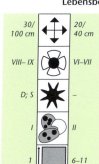

	30/100 cm	20/40 cm
	VIII–IX	VI–VII
	D; S	–
	I	II
	1	6–11

Saxifraga × arendsii
Moos-Steinbrech
Saxifragaceae, Steinbrechgewächse

Heimat: Züchtung, Arten aus N-Europa und Amerika.
Wuchsform: Kissenförmig, vieltriebige Rosettenpflanze, bildet moosartige Polster.
Blatt: Rosettenförmig angeordnet, fiederschnittig, immergrün.
Blüte: Schalenförmig, zu mehreren auf dünnen Stielen, karminrosa, IV–V.
Frucht: 2-fächrige Kapsel.
Standort: Humose, durchlässige Böden im Halbschatten.
Lebensbereiche: St,2,abs: Steinanlagen; frisch; absonnig. MK.
Verwendung: Für Steingärten aller Art, Trockenmauern, Dachgärten, Gefäße, vor Gehölzen.
Vermehrung: Teilung, III.
Sorte: Meist Züchtungen aus *S. decipiens* und *S. hypnoides*. 'Blütenteppich', *, rosa; 'Leuchtkäfer', *, rot; 'Schneeteppich', *, weiß; 'Schwefelblüte', gelb.
Hinweis: Nicht in der Sonne.

Scabiosa caucasica
Garten-Skabiose
Dipsacaceae, Kardengewächse

Heimat: Kaukasus. Züchtungen.
Wuchsform: Aufrecht bis bogig, horstig.
Blatt: Grundblätter lanzettlich, graugrün, Stängelblätter fiederspaltig.
Blüte: Schalenförmig, bis 5 cm große Blütenköpfe, lang gestielt, violett, VII–IX.
Fruchtstand/Frucht: Köpfchen, Samen mit trockenhäutigem Pappus.
Standort: Sonnige Wiesenflächen in durchlässigem, kalkhaltigen Boden.
Lebensbereiche: B,2,so: Beet; frisch; sonnig. Auch beetstaudenähnliche Freifläche.
Verwendung: Beet- und Rabattenstaude. Schnittpflanze.
Vermehrung: Teilung im Frühling, Stecklinge im Sommer.
Sorte: 'Blauer Atlas', **, violettblau; 'Miss Willmott, **, weiß; 'Nachtfalter', **, violettblau (Bild).
Hinweis: Rückschnitt nach der Blüte wichtig. Auf Mehltau und Spinnmilben achten.

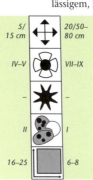

Scilla siberica

Blausternchen
Hyacinthaceae, Hyazinthengewächse

Heimat: Südrussland, Kaukasus, Vorderasien.
Wuchsform: Aufrecht, horstige Zwiebelpflanze.
Blatt: Breit-lineal mit kappenförmiger Spitze, grün, zieht nach der Blüte 1-, 2- bis 4-blättrig.
Blüte: Mehrblütig, nickend, über dem Laub, azurblau, III–IV.
Frucht: Kugelig, enthält viele Samen.
Standort: Humose, durchlässige Kalkböden, meist in sonnigen Lagen unter spätaustreibenden Gehölzen.
Lebensbereiche: Fr,2,so: Freifläche; frisch; sonnig. Auch im Halbschatten.
Verwendung: In größeren Gruppen in halbschattiger Lage unter Laubgehölzen. Attraktiv zu Seidelbast und Christrose.
Vermehrung: Aussaat.
Sorte: 'Spring Beauty', dunkelblau, steril.

Sedum album

Weißer Mauerpfeffer
Crassulaceae, Dickblattgewächse

Heimat: Europa, Asien, N-Afrika.
Wuchsform: Teppichartig, lockerrasig, Triebe dicht beblättert.
Blatt: Lineal, walzlich, dick, dunkelgrün oder rötlich.
Blüte: In Doldenrispen, weiß, VI–VII.
Frucht: 5-teilige Kapsel.
Standort: Durchlässige, nährstoffarme Stellen auf Mauern, Dächern und Felsen.
Lebensbereiche: FS,1,so: Felssteppe; trocken, sonnig. Auch Matten und Mauerkronen.
Verwendung: Rasenersatz für sonnige Böschungen. Bodendecker für trockenste Lagen. Gräber. Extensive Dachbegrünung.
Vermehrung: Teilung, auch Sprossenteilung.
Sorte: 'Coral Carpet', w, rot im Winter, sonst grün; 'Laconicum', üppig grün; 'Micranthum Chloroticum', klein, grün: 'Murale', braunrot.

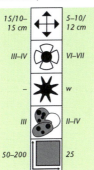

143

Sedum telephium 'Herbstfreude'
Hohe Fetthenne
Crassulaceae, Dickblattgewächse

Heimat: Die Art ist von Europa bis W-Asien beheimatet. Züchtung.
Wuchsform: Aufrecht, horstig, Triebe dicht beblättert.
Blatt: Eiförmig, bläulich grün, im Herbst gelb.
Blüte: Sternförmig, 6–8 mm groß, in dichten Doldenrispen, rostrot, VIII–IX.
Frucht: 5-teilige Kapsel. Braune Fruchtstände halten den ganzen Winter. Hoher Zierwert
Standort: Durchlässige, nährstoffreiche Böden, Sonne.
Lebensbereiche: Fr,1,so, –b: Freifläche; trocken, sonnig, beetstaudenähnlich. Beet, Felssteppe.
Verwendung: Sonnige Beete an Gebäuden, Terrassen. Sukkulentengärten. Schnittpflanze. Trockenbinderei.
Vermehrung: Teilung im Frühling.
Sorte: 'Matrona', rosa, Laub dunkel.

Sempervivum-Sorten
Garten-Hauswurz, Steinrose
Crassulaceae, Dickblattgewächse

Heimat: Züchtung.
Wuchsform: Rosettenpolster, Nebenrosetten bildend. Rosetten sterben nach der Samenreife ab, Tochterrosetten füllen die Lücke.
Blatt: Spitz-eiförmig, fleischig-sukkulent, in breiten Rosetten, 4–15 cm. Größe und Farbe je nach Sorte, variiert auch je nach Jahreszeit.
Blüte: Sternblüte, rosa, VI–VII.
Frucht: Sternartige Kapsel.
Standort: Felsspalten in voller Sonne. Durchlässige, nährstoffreichere Böden.
Lebensbereiche: SF,1,so: Steinfugen; trocken; sonnig. Auch Mauerkronen, Steinanlagen.
Verwendung: Für Schalen und Tröge aller Art. Dachbegrünung.
Vermehrung: Teilung, Abtrennen der Tochterrosetten. Samen.
Sorte: 'Othello', violett; 'Mount Hood', im Winter dunkelrot; 'Reinhard', grün mit braunen Spitzen; 'Tambora', Rosette 2 cm, rot mit grün, sehr dicht (Bild).

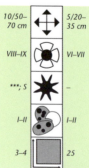

10/50–70 cm	5/20–35 cm
VIII–IX	VI–VII
***; S	–
I–II	I–II
3–4	25

Stipa pennata
Flausch-Federgras
Poaceae, Süßgräser

Heimat: Mittel- und S-Europa.
Wuchsform: Überhängend, horstig.
Blatt: Grasartig, grün, wintergrün, Unterseite glatt.
Blüte: Behaarte Grannen, 20 cm lang, im Wind waagerecht abstehend, VI–VII.
Frucht: Karyopse, 1 cm lang, mit nadelfeiner Spitze.
Standort: Durchlässige Böden in voller Sonne, Steppenpflanze.
Lebensbereiche: <u>SH,1,so</u>: Steppenheide; trocken; sonnig. Auch <u>Felssteppe</u>.
Verwendung: Einzeln oder in Gruppen in steppenartigen Pflanzungen, Böschungen. Schnittpflanze. Trockenbinderei (vor der Fruchtreife ernten).
Vermehrung: Aussaat im Frühling.

Stipa barbata
Reiher-Federgras
Poaceae, Süßgräser

Heimat: Östliches Mitteleuropa.
Wuchsform: Überhängend, horstig.
Blatt: Grasartig, graugrün, wintergrün.
Blüte: Behaarte Grannen, 40 cm lang, im Wind waagerecht abstehend, VII–VIII.
Frucht: Karyopse, 2 cm lang, mit nadelfeiner Spitze.
Standort: Durchlässige Kalkböden in voller Sonne, wärmeliebende Steppenpflanze.
Lebensbereiche: <u>SH,1,so</u>: Steppenheide; trocken; sonnig. Auch <u>Felssteppe</u>.
Verwendung: Einzeln oder in kleinen Gruppen in steppenartigen Pflanzungen, Böschungen, Schnittpflanze. Trockenbinderei (vor der Fruchreife schneiden).
Vermehrung: Aussaat im Frühling oder nach der Fruchtreife. Samen bohrt sich in die Erde.

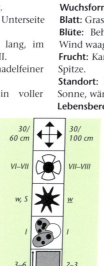

Tanacetum coccineum
(Syn.: Chrysanthemum coccineum, Pyrethrum roseum)
Bunte Margerite
Asteraceae, Asterngewächse

Heimat: Armenien, Iran, Kaukasus.
Wuchsform: Aufrecht, lockerhorstig.
Blatt: Doppelt fiederschnittig, grün.
Blüte: Körbchen mit rosafarbenen Zungenblüten an langem Stiel, bis 8 cm breit, V–VI.
Fruchtstand: Körbchen.
Standort: Bergwiesen in voller Sonne, nährstoffreiche, lehmig-humose Böden.
Lebensbereiche: Fr,2,so: Freifläche; frisch; sonnig.
Verwendung: Einzeln oder in kleinen Gruppen, auch auf Rabatten. Schnittpflanze.
Vermehrung: Teilung im Frühling, sonst kurzlebig.
Sorte: Anspruchsvoller als die Art sind: 'Alfred', Li, rot gefüllt; 'Eileen May Robinson', ***, rosa; 'Regent', **, rot.

Thalictrum aquilegifolium
Akeleiblättrige Wiesenraute, Amstelraute
Ranunculaceae, Hahnenfußgewächse

Heimat: Europa, Japan. Sibirien.
Wuchsform: Aufrecht, horstig.
Blatt: Zweifach 3-teilig gelappt, akeleiähnlich, grün.
Blüte: In endständiger Doldenrispe, Blütenblätter fehlen, Staubblätter lilarosa, stark entwickelt, daher in der Erscheinung flauschig.
Frucht: Kleine Balgfrucht.
Standort: Humose, durchlässige Böden in Bergwiesen, Waldrand, leicht beschattet.
Lebensbereiche: Fr,2–3,so–abs: Freifläche; frisch bis feucht; sonnig bis absonnig. Gehölzrand.
Verwendung: Einzeln am Gehölzrand in mehr sauren Böden. Schnittpflanze.
Vermehrung: Aussaat und Teilung im Frühling.
Sorte: 'Album' weiß, w; 'Atropurpureum', violett.

Thymus praecox var. pseudolanuginosus
Woll-Thymian
Lamiaceae, Taubnesselgewächse

Heimat: W-Europa.
Wuchsform: Mattenartig kriechend und teilweise wurzelnd.
Blatt: Oval, 3 mm lang, dicht behaart, mattgrau, immergrün.
Blüte: Lippenblütchen, rosa, selten, VI–VII.
Frucht: Nüsschen, werden selten ausgebildet.
Standort: Leichte, durchlässige und humusarme Plätze in voller Sonne, wärmeliebend.
Lebensbereiche: FS,1,so: Felssteppe; trocken; sonnig. Auch Steppenheide und Steinanlagen.
Verwendung: Mattenbildner für sonnige Böschungen, Steingärten und Trockenmauern. Attraktiv zusammen mit kleinen Zwiebelgewächsen.
Vermehrung: Teilung des Polsters im Frühling.
Hinweis: Laub kann in strengen Wintern leiden.

Tiarella cordifolia
Schaumblüte
Saxifragaceae, Steinbrechgewächse

Heimat: Östliches N-Amerika.
Wuchsform: Flächig, kriechend, teilweise wurzelnd.
Blatt: Herzförmig, 5- bis 7-teilig gelappt, grün, behaart, braunrotes Herbstlaub.
Blüte: In aufrechten Trauben über dem Laub, Einzelblüte sternförmig, weiß, V–VI.
Frucht: 2-klappige Kapseln.
Standort: Humusreiche, kalkarme, lockere Böden im Halbschatten.
Lebensbereiche: G,2,hs–sch: Gehölz; frisch; halbschattig bis schattig. Auch Gehölzrand.
Verwendung: Als Flächendecker unter *Rhododendron* und Gehölzen mit ähnlichen Ansprüchen.
Vermehrung: Teilung im Vorfrühling.
Sorte: 'Moorgrün', w, grün; 'Purpurea', Laub violett.
Ähnliche Art: *T. wherryi*, w, ohne Ausläufer, Laub braun gefleckt.

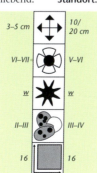

Trollius europaeus
Trollblume
Ranunculaceae, Hahnenfußgewächse

Heimat: Europa, Kaukasus.
Wuchsform: Aufrecht, horstig.
Blatt: Grundständig, am Stängel handförmig geteilt, fiederartig eingeschnitten.
Blüte: Einzeln am Ende des Stieles, hellgelb, kugelig, gelbe Staub- und Honigblätter, V–VI.
Frucht: Vielsamige Balgkapseln.
Standort: Feuchte, kalkarme Wiesen der Berge, meist sonnig.
Lebensbereiche: Fr,3,so: Freifläche; feucht; sonnig. Auch Wasserrand, sumpfig.
Verwendung: Feuchte bis nasse Plätze in kleineren Gruppen.
Vermehrung: Teilung im Frühling, Aussaat sofort nach der Ernte (Schwerkeimer).
Sorte: 'Superbus', zitronengelb, 60 cm. Schnittpflanze. Bienenweide.
Hinweis: Giftige Pflanze. **Geschützte Wildpflanze.**

Tulipa gesneriana
Garten-Tulpe
Liliaceae, Liliengewächse

Heimat: SW-Asien, Zentralasien. Züchtungen.
Wuchsform: Aufrechte, horstbildende Zwiebelpflanze. Zieht nach der Blüte ein.
Blatt: Breit-lanzettlich zugespitzt, ganzrandig.
Blüte: Klassifizierung: 1. Einfache Frühe Tulpen; 2. Gefüllte Frühe Tulpen; 3. Triumph-Tulpen; 4. Darwin-Hybrid-Tulpen; 5. Einfache Späte Tulpen; 6. Lilienblütige Tulpen (Bild: 'Queen of Sheba'); 7. Gefranste Tulpen; 8. Viridiflora-Tulpen; 9. Rembrandt-Tulpen; 10. Papagei-Tulpen; 11. Gefüllte Späte Tulpen; 12. Kaufmanniana-Tulpen; 13. Fosteriana-Tulpen; 14. Greigii-Tulpen; 15. Wildtulpen.
Frucht: 3-klappige Kapsel.
Standort: Durchlässige Böden in sonnigen Lagen.
Lebensbereiche: B,2,so: Beet; frisch; sonnig.
Verwendung: In kleinen Gruppen in Beeten und Rabatten.
Hinweis: Geschützte Wildpflanze.

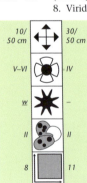

Typha minima
Kleiner Rohrkolben
Typhaceae, Rohrkolbengewächse

Heimat: Europa, W-Asien bis zum Kaukasus.
Wuchsform: Aufrecht, locker, ausläufertreibende Sumpfpflanze.
Blatt: Sehr schmal, bandförmig, mattgrün.
Blüte: Weibliche Blütenkolben 3–4 cm lang, 1,5–2 cm dick, kastanienbraun. Oberhalb davon befinden sich die männlichen Blüten, grüngelb, unscheinbar, V–VI.
Fruchtstand/Frucht: Kolben, dunkelbraun, im Sommer in viele Samen mit langen Pappushaaren zerfallend.
Standort: Am Rande von stehenden Gewässern. Schwere Böden.
Lebensbereiche: <u>WR,4,so</u>: Wasserrand; sumpfig; sonnig. Auch <u>Freifläche</u>.
Verwendung: Kleinere Wasserflächen, bis –10 cm Tiefe. Auch für Tröge. Trockenbinderei.
Vermehrung: Abtrennen der Ausläufer im Frühling.

Verbascum nigrum
Dunkle Königskerze
Scrophulariaceae, Braunwurzgewächse

Heimat: Europa, Sibirien.
Wuchsform: Straff aufrecht, horstig.
Blatt: Herzförmig, langgestielt, 20 cm lang, unterseits graufilzig.
Blüte: Dunkelgelb mit violetten Staubgefäßen, in Blattachseln der Blütenähren, VII–VIII.
Frucht: Rundliche Kapsel.
Standort: Durchlässige, nährstoffreiche Böden in voller Sonne.
Lebensbereiche: <u>Fr,1,so</u>: Freifläche; trocken; sonnig. Auch <u>Steppenheide</u>.
Verwendung: Größere Naturgärten, Wildstaudenpflanzungen an trockenen Plätzen.
Vermehrung: Aussaat im Frühling.
Sorte: 'Album', weiß.
Hinweis: Sehr vitale Staude, Elternteil vieler Sorten.

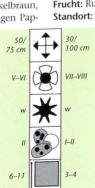

50/75 cm	30/100 cm
V–VI	VII–VIII
w	w
II	I–II
6–11	3–4

Veronica teucrium
Großer Ehrenpreis
Scrophulariaceae, Braunwurzgewächse

Heimat: Europa bis Sibirien.
Wuchsform: Aufrecht, horstig.
Blatt: Eiförmig, gegenständig, am Rand gekerbt, 2–7 cm lang.
Blüte: An langen Blütentrauben, blau mit dunklen Nerven, V–VII.
Frucht: Kapsel.
Standort: Durchlässige, trockene Standorte auf kalkhaltigen Böden.
Lebensbereiche: <u>Fr</u>,2,<u>so</u>: Freifläche; frisch; sonnig. Auch <u>Steppenheide</u>, <u>Felssteppe</u>.
Verwendung: Einzeln oder in Gruppen im Naturgarten oder in Rabatten.
Vermehrung: Teilung im Frühling.
Sorte: 'Kapitän', w, enzianblau; 'Knallblau', 25 cm, tiefblau.

✖ Vinca minor
Kleines Immergrün
Apocynaceae, Hundsgiftgewächse

Heimat: Europa, Kaukasus.
Wuchsform: Niederliegend, kriechend, am Grunde verholzend.
Blatt: Breit-lanzettlich, glänzend grün, gegenständig, immergrün, 3–4 cm lang.
Blüte: Mit trichterförmiger Röhre, hellblau, IV–V.
Frucht: Früchte werden nicht ausgebildet.
Standort: Unter und vor Gehölzen in humosem Boden.
Lebensbereiche: <u>G</u>,2,<u>hs–sch</u>: Gehölz; frisch; halbschattig bis schattig. Auch <u>Gehölzrand</u>.
Verwendung: Als dichter, strapazierbarer Bodendecker, auch für trockenere Lagen. Grabstätten. Heilpflanze.
Vermehrung: Teilung im Frühling.
Sorte: 'Alba', w, weiß; 'Atropurpurea', Li, rot; 'Bowles', <u>w</u>, dunkelblau, 'Gertrude Jekyll', <u>w</u>, weiß.

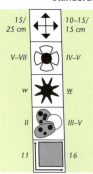

15/25 cm	10–15/15 cm
V–VII	IV–V
w	<u>w</u>
II	III–V
11	16

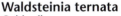

Waldsteinia ternata
Golderdbeere
Rosaceae, Rosengewächse

Heimat: Karpaten, Sibirien bis Sachalin, Japan.
Wuchsform: Flach ausgebreitet, kriechend, teils wurzelnd.
Blatt: 3-teilig, tief gezähnt, glänzend dunkelgrün, wintergrün.
Blüte: Schalenblüte 2 cm groß, in lockeren Trugdolden, goldgelb, IV–V.
Frucht: Sammelfrucht, selten.
Standort: Frische, meist schattige Bereiche in Gehölznähe, humusreiche Böden.
Lebensbereiche: G,2,hs–sch: Gehölz; frisch; halbschattig bis schattig. Gehölzrand.
Verwendung: Als Teppichbildner für größere Flächen ideal. Auch für Grabstätten.
Vermehrung: Teilung im Vorfrühling.
Hinweis: Kann unter starker Wintersonneneinstrahlung leiden.

Yucca filamentosa
Palmlilie
Agavaceae, Agavengewächse

Heimat: Südliches und östliches N-Amerika.
Wuchsform: Aufrecht, horstig, fast stammlos, verholzter Grundstamm unterirdisch.
Blatt: Schmal, bandartig, matt blaugrün, immergrün, harte Spitze.
Blüte: Glockenförmig, hängend, an langer, verzweigter Rispe, weiß, VII–VIII.
Fruchtstand/Frucht: Kapsel, Samen wird bei uns nicht ausgebildet, weil der Bestäuber fehlt (Yuccamotte).
Standort: Warme, sonnige Plätze auf gut dränierten Böden. Staunässe vermeiden.
Lebensbereiche: FS,1,so,–b: Felssteppe; trocken; sonnig; beetstaudenähnlich. Freifläche.
Verwendung: Einzeln oder in kleinen Gruppen vor Südwänden, Kies- und Schotterbeete.
Vermehrung: Teilung langwierig, Samen vom Heimatstandort oder künstlicher Bestäubung.
Sorte: 'Glockenbusch', *, 60–80 cm.

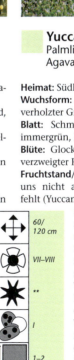

Sommerblumen von A bis Z

Ageratum houstonianum
Leberbalsam
Asteraceae, Asterngewächse

Heimat: Mittel- und Südamerika; subtropisch, tropisch.
Wuchsform: Aufrecht, breitbuschig. Einjährig.
Blatt: Gegenständig, herzförmig, flaumig behaart, 4–6 cm, grün.
Wuchs-/Blütenhöhe: 15–50/20–60 cm.
Blüte: Köpfchen, 3–5 mm, blau, rosa, weiß, in endständiger Doldentraube, 4–6 cm.
Fruchtstand: 1 cm große Köpfchen, kleine Samen mit Pappus.
Standort: Auf lehmigen Böden in sonniger, warmer Lage.
Vermehrung: Aussaat von I–III, Keimdauer 8–14 Tage. Stecklinge im III.
Kultur: Durchlässiger Boden. Ab Mitte V ins Freie pflanzen; gut wässern und düngen.
Sorten: 'Blaue Donau', blau, 15–20 cm; 'Schneeball', weiß, 15–20 cm.
Hinweise: Anfällig für Weiße Fliege und Spinnmilben.

Amaranthus caudatus
Garten-Fuchsschwanz
Amaranthaceae, Fuchsschwanzgewächse

Heimat: Tropisches Südamerika; subtropisch bis tropisch.
Wuchsform: Aufrecht, dichtbuschig, später überhängend. Einjährig.
Blatt: Wechselständig, eiförmig, immergrün, 5–25 cm lang, grün.
Blüte: Einzelblüten radiär, 1–2 mm, in hängenden Ähren, Blütenhüllen weiß, rot, grün, braun.
Wuchs-/Blütenhöhe: 50–100 cm.
Fruchtstand/Frucht: Ähren, unscheinbare Nüsschen.
Standort: Sonnig, humose Böden.
Verwendung: Einzeln oder in Gruppen für Hausgärten oder Parks, Schmetterlingsweide.
Vermehrung: Aussaat direkt ins Freie ab Ende IV.
Kultur: Durchlässiger Boden.
Sorten: 'Pony Tail', rote Blütenzöpfe, 75 cm.
Hinweise: Bei voller Entwicklung geerntet ist die Schnittpflanze besonders lange haltbar.

einjährig	einjährig
V–X	VII–X
Sonne	Sonne
–	–
Beet, Schnitt	Beet, Schnitt

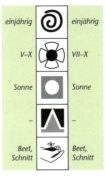

Antirrhinum majus
Garten-Löwenmaul,
Großes Löwenmaul
Scrophulariaceae, Braunwurz-
gewächse

Heimat: Mittelmeergebiet bis Nordwest-Afrika; mediterran.
Wuchsform: Aufrecht, horstbildend. In der Heimat ausdauernde Staude; da nicht frosthart, bei uns einjährig kultiviert.
Blatt: Gegenständig, länglich spitz, ganzrandig, immergrün, 1–7 cm, grün.
Blüte: Röhrenförmig, rachenähnlich, 2-lippig, 3–4 cm groß, in Weiß, Gelb, Rosa, Rot, mehrfarbig, in achsel- oder endständigen Trauben; auch Sorten mit radiären und gefüllten Blüten.
Wuchs-/Blütenhöhe: 20–80 cm.
Frucht: Kapsel, 1 cm groß.
Standort: Nährstoffreiche, durchlässige Böden, sonnig.
Verwendung: Hohe Sorten als Schnittpflanze.
Vermehrung: Aussaat I–III bei einjähriger Kultur. Bei Sorten Stecklinge.
Kultur: Hell und luftig in TKS.

Begonia-Semperflorens-Gruppe
Eis-Begonie
Begoniaceae, Schiefblattgewächse

Heimat: Art aus Brasilien, mit vielen Hybriden; tropisch, subtropisch.
Wuchsform: Buschig, aufrecht, rasch wachsend.
Blatt: Wechselständig, eiförmig, 6–9 cm lang, lederig, glänzen wie lackiert, je nach Sorte grün, braun.
Blüte: Disymmetrisch, 4-zählig, 1–2 cm, viele Farben von Weiß, Rosa bis Rot, einfach oder gefüllt.
Wuchs-/Blütenhöhe: 15–40/20–50 cm.
Frucht: Geflügelte Kapsel, enthält staubfeine Samen. 1g enthält bis 70 000 Samenkörner.
Standort: Vorwiegend halbschattige Lagen, humose Erde.
Verwendung: Für Beete und Schalen. Prächtiger Dauerblüher für den Halbschatten.
Vermehrung: Aussaat nur in Spezialbetrieben XII–II bei 22–24 °C.
Kultur: In humoser Erde, pH-Wert 5,5–6,5.
Sorten: 'Gin', rosa; 'Whisky', weiß; 'Wodka', rot.
Hinweise: Auf Mehltau achten.

einjährig (Staude)	einjährig
VI–X	IV–X
Sonne	Halbschatten
Reisigschutz	–
Beet, Ampel, Schnitt	Beet, Einfassung, Grab

Begonia-Tuberhybrida-Gruppe
Knollen-Begonie
Begoniaceae, Schiefblattgewächse

Heimat: Art aus Südamerika, mit vielen Hybriden und Sorten; tropisch, subtropisch.
Wuchsform: Aufrecht, horstbildend, knollenbildend. Meist einjährig kultiviert.
Blatt: Wechselständig, handförmig, asymmetrisch, 12–18 cm lang, grün.
Blüte: Disymmetrisch, 5–15 cm groß, einfache Blüte 4-zählig, Sorten häufig gefüllt, viele Farben.
Wuchs-/Blütenhöhe: 20–25/30–40 cm.
Frucht: Kapsel, feine Samen.
Standort: Halbschattig, schattig, humose Böden.
Vermehrung: Aussaat im Vorfrühling. Keimdauer 10–14 Tage. Sorten im III durch Knollenteilung vermehren, Schnittstellen vorm Topfen mehrere Tage abtrocknen lassen.
Kultur: Knollen im III in humose Erde topfen und antreiben. Ab Mitte V ins Freie pflanzen.
Sorten: Gigantea-Grp., einfach, großblumig, Blüten 10–15 cm groß, Wuchshöhe 30–40 cm.

Bellis perennis
Maßliebchen, Tausendschön, Gänseblümchen
Asteraceae, Asterngewächse

Heimat: Arten aus Europa und Kleinasien; mediterran, gemäßigt.
Wuchsform: Rosettenbildend. Zweijährig gezogen.
Blatt: Gegenständig, spatelförmig, 6–8 cm lang.
Blüte: Körbchen, die Art blüht weiß mit gelber Mitte, die Sorten sind großblumig, pomponartig gefüllt, mit vielen Farben von Weiß bis Dunkelrot.
Wuchs-/Blütenhöhe: 10–15/25 cm.
Fruchtstand: Körbchen.
Standort: Sonnig bis halbschattig, nährstoffreiche Gartenböden.
Verwendung: Unterpflanzung zu Tulpen.
Vermehrung: Aussaat von VI–VII an schattigen Stellen oder mit Beschattung. 1 g Saatgut reicht für 1000 Pflanzen.
Kultur: In humoser, durchlässiger Erde. Im IX auspflanzen. Winterschutz durch leichte Reisigdecke.
Sorten: 'Aetna', dunkelrot gefüllt.
Hinweise: Anfällig für Mehltau, Grauschimmel und Blattläuse.

einjährig, Knollenpflanze	zweijährig, Staude
VI–X	IV–VI
Halbschatten, Schatten	Sonne bis Halbschatten
Überwinterungsraum	Reisigschutz
Beet, Gefäße, Grab	Beet, Gefäße, Grab

Brachyscome iberidifolia
Blaues Gänseblümchen
Asteraceae, Asterngewächse

Heimat: West- und Süd-Australien; subtropisch, tropisch.
Wuchsform: Buschig, überhängend, zierlich. Einjährig.
Blatt: Wechselständig, schmal, fein gefiedert, 2–3 cm, grün.
Blüte: Zungenblüten, 2 cm groß, blauviolett, in Körbchen, duftend.
Wuchs-/Blütenhöhe: 25/30 cm.
Frucht: Achäne.
Standort: Sonnige, nicht zu trockene Lagen.
Verwendung: Reich blühende Balkon- und Rabattenpflanze, für Ampeln und Schalen.
Vermehrung: Aussaat ab III unter Glas. Keimdauer 12–20 Tage.
Kultur: Nach der Keimung in humose Erde pikieren. Erde darf nicht austrocknen.
Sorten: 'Blausternchen', blau; 'Rotsternchen'; je 25 cm hoch.
Hinweise: Gleichmäßige Feuchtigkeit ist in Gefäßen wichtig.

Calceolaria integrifolia
Pantoffelblume
Scrophulariaceae, Braunwurzgewächse

Heimat: Chile; subtropisch.
Wuchsform: Buschig, aufrecht. In der Heimat als Halbstrauch, bei uns meist nur einjährig kultiviert.
Blatt: Gegenständig, eiförmig, 5–7 cm lang, rau.
Blüte: Pantoffelförmig, 1–2 cm, goldgelb, in Doldentrauben.
Wuchs-/Blütenhöhe: 40–50 cm.
Frucht: Kapsel, unscheinbar.
Standort: Sonnig bis halbschattig, humos, nährstoffarm.
Verwendung: In Gruppen.
Vermehrung: Stecklinge im Herbst. Aussaat von XI–II, sehr feine Samen. Keimdauer 15–20 Tage.
Kultur: Torfhaltige Substrate. Jungpflanzen kühl und hell überwintern. Schwachzehrer, nie austrocknen lassen.
Sorten: 'Goldbukett', goldgelb, reich blühend, 30–40 cm, kompakt.
Hinweise: Besonders auf Blattläuse achten.

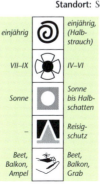

	einjährig	einjährig, (Halbstrauch)
	VII–IX	IV–VI
	Sonne	Sonne bis Halbschatten
	–	Reisigschutz
	Beet, Balkon, Ampel	Beet, Balkon, Grab

Calendula officinalis
Garten-Ringelblume
Asteraceae, Asterngewächse

Heimat: Mittelmeergebiete; mediterran.
Wuchsform: Aufrecht, vieltriebig. Einjährig.
Blatt: Wechselständig, breit lanzettlich, 3–15 cm, hellgrün.
Blüte: Körbchenblüte, margeritenähnlich, 4–8 cm, je nach Sorte gelb, orange oder braun, einfach oder gefüllt. Herbstaussaat: Blüte ab III.
Wuchs-/Blütenhöhe: 40–60 cm.
Fruchtstand: Körbchen mit Achäne.
Standort: Durchlässige Böden.
Verwendung: Heilpflanze.
Vermehrung: Aussaat ab Herbst (Selbstaussaat) oder ab III–IV, direkt an Ort und Stelle. Für 1000 Pflanzen benötigt man 15 g Saatgut.
Kultur: Einheitserde mit Sand.
Sorten: 'Kablouna', röhrenförmige Blüten, gelb und orange, Schnitt.
Hinweise: Mehltau vorbeugend bekämpfen.

Callistephus chinensis
Sommeraster
Asteraceae, Asterngewächse

Heimat: China; gemäßigt.
Wuchsform: Aufrecht, buschig. Einjährig.
Blatt: Wechselständig, oval, 8–10 cm, lang gestielt.
Blüte: Köpfchen mit einfachen oder gefüllten Blüten, in fast allen Farben und Größen.
Wuchs-/Blütenhöhe: 30–40/60–100 cm.
Fruchtstand: Köpfchen, Samen mit Pappus.
Standort: Durchlässige, humose Böden.
Verwendung: In Gruppen.
Vermehrung: Aussaat II–V, unter Glas oder an Ort und Stelle, 4 g für 1000 Pflanzen.
Kultur: In durchlässigen, nährstoffreichen Böden, hell und luftig.
Sorten: 'Mylady', Zwerg-Aster, verschiedene Farben, 25 cm; 'Germania-Astern', hohe Schnitt-Aster, gefüllte Blüten, 100 cm; 'Prinzess-Astern', 60–75 cm, Zentrum mit Röhrenblüten, Schnittpflanze; 'Riesen-Strahlen-Astern', lange, nadelartig gedrehte Blütenblätter, 60 cm.
Hinweise: Welkeresistente Sorten. Auf Blattwanzen, Blattläuse und Raupen achten.

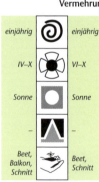

	einjährig	einjährig
	IV–X	VI–X
	Sonne	Sonne
	–	–
	Beet, Balkon, Schnitt	Beet, Schnitt

Campanula medium
Marien-Glockenblume
Campanulaceae, Glockenblumengewächse

Heimat: Südostfrankreich, Norditalien; gemäßigt, submediterran.
Wuchsform: Aufrecht, horstbildend, grundständige Blattrosette. Zweijährig.
Blatt: Wechselständig, lanzettlich, 10–15 cm, grün.
Blüte: Glockenförmig, groß, 5–6 cm lang, weiß, rosa oder blau, in Trauben.
Wuchs-/Blütenhöhe: 50–80 cm.
Frucht: Kapsel.
Standort: Sonnig bis halbschattig; durchlässige, kalkhaltige Böden.
Verwendung: Beete und Rabatten.
Vermehrung: Aussaat im Freien von V–VII, bei einjähriger Kultur ab II im Haus.
Kultur: Durchlässige Böden, hell und luftig. Kurze Kulturzeit. Bei zweijähriger Kultur Reisigabdeckung.
Sorten: 'Champion', rosa und blau, 80 cm, Schnittsorte.
Hinweise: Auf Pilzkrankheiten achten.

Catananche caerulea
Rasselblume
Asteraceae, Asterngewächse

Heimat: Westliche Mittelmeergebiete, Nordwest-Afrika, Libyen; mediterran.
Wuchsform: Aufrecht, locker, rosettenbildend. Nicht frostharte Staude, bei uns einjährig gezogen.
Blatt: In grundständiger Rosette, linealisch, 20–30 cm lang, gezähnt, grün.
Blüte: Köpfchen mit Röhren- und Zungenblüten, 3–4 cm groß, blauviolett.
Wuchs-/Blütenhöhe: 20/50–60 cm.
Frucht: Achäne.
Standort: Durchlässige Böden.
Verwendung: Trockenschmuck.
Vermehrung: Aussaat im Vorfrühling unter Glas, ab V ins Freiland pflanzen. Keimdauer 12–14 Tage. Wurzelschnittlinge im Winter.
Kultur: In durchlässigen, sandig lehmigen Böden, problemlos.
Sorten: 'Alba', weiß; 'Istra´, violett; je 20–50 cm hoch.
Besonderes: Die trockenen Hüllblätter rascheln im Wind, daher der Name „Rasselblume".
Hinweise: Kopfüber trocknen.

	zwei-jährig	einjährig (Staude)
	VI–VII	VII–IX
	Sonne bis Halbschatten	Sonne
	Reisigschutz	–
	Beet, Rabatte, Schnitt	Beet, Schnitt

Celosia argentea-Plumosa-Gruppe
Federbusch-Celosie
Amaranthaceae, Fuchsschwanzgewächse

Heimat: Art aus dem tropischen Afrika.
Wuchsform: Aufrecht, horstbildend. Einjährig.
Blatt: Wechselständig, lanzettlich, sommergrün, 15–20 cm, grün.
Blüte: Einzelblüten unscheinbar, 1 mm groß, Blütenstand „federbuschartig", buschig, stark verzweigt, zierlich, in vielen Farbtönen.
Wuchs-/Blütenhöhe: 40/60–80 cm.
Fruchtstand: Rispe.
Standort: Durchlässige Böden.
Verwendung: Trockenschmuck.
Vermehrung: Aussaat von III–V unter Glas. 2 g ergeben 1000 Pflanzen.
Kultur: Warm, hell und feucht, durchlässiger Boden.
Sorten: 'Century', beste Serie für den Schnitt, in vielen Farben, 40–60 cm hoch.
Hinweise: Zum Trocknen Stiele entlauben und kopfüber aufhängen. Mehltau und Grauschimmel vorbeugend bekämpfen.

Centaurea cyanus
Kornblume
Asteraceae, Asterngewächse

Heimat: Mittelmeergebiete bis Nordamerika, Chile; mediterran.
Wuchsform: Aufrecht, horstbildend, Triebe filzig. Einjährig.
Blatt: Wechselständig, lanzettlich, fiederschnittig, 4–6 cm, graugrün.
Blüte: Körbchen, 3–5 cm, lang gestielt, je nach Sorte hellblau, lila, auch rot und weiß, einfach oder gefüllt.
Wuchs-/Blütenhöhe: 20/40–50 cm.
Fruchtstand: Köpfchen
Standort: Sonnig, nährstoffreiche Böden.
Verwendung: Beetpflanze.
Vermehrung: Aussaat schon ab Herbst möglich, besser III–IV an Ort und Stelle. 10 g Samen sind für 1000 Pflanzen erforderlich.
Kultur: Durchlässiger Boden.
Sorten: 'Rosa Schönheit', rosa, Wuchshöhe/Blütenhöhe 20/40–50 cm.
Hinweise: Befall durch Mehltau, Rostpilze und Spinnmilben möglich.

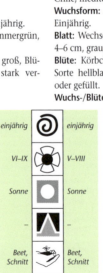

	einjährig	einjährig
	VI–IX	V–VIII
	Sonne	Sonne
	–	–
	Beet, Schnitt	Beet, Schnitt

Chrysanthemum coronarium
Goldblume, Kronen-Wucherblume
Asteraceae, Asterngewächse

Heimat: Mittelmeergebiete bis Iran; mediterran.
Wuchsform: Aufrecht, buschig, horstbildend. Einjährig.
Blatt: Wechselständig, lanzettlich, doppelt fiederteilig, 4–6 cm lang, grün.
Blüte: Köpfchen mit gelben Röhren- und Zungenblüten, bis 8 cm.
Wuchs-/Blütenhöhe: 30/60–100 cm.
Frucht: Achäne.
Standort: Durchlässige Gartenböden.
Verwendung: Blumenwiesen.
Vermehrung: Aussaat ab II unter Glas oder ab IV ins Freie. 10 g für 1000 Pflanzen erforderlich.
Kultur: In sandigem Lehmboden mit guter Nährstoffversorgung.
Sorten: 'Goldblume', gelb, 60 cm; 'Tetra Comet', gelb, Blüten bis 8 cm groß, 80 cm hoch.
Weitere Art: *Ismelia carinata* (Syn. *Chrysanthemum carinatum*), Kiel-Wucherblume, mehrfarbig, 40–50 cm hoch.

Cobaea scandens
Glockenrebe
Cobaeaceae, Glockenrebengewächse

Heimat: Mexiko; tropisch.
Wuchsform: Schnell wachsender Ranker. In der Heimat als Strauch, bei uns wegen Frostempfindlichkeit meist einjährig kultiviert.
Blatt: Gegenständig, elliptisch, doppelt paarig gefiedert, 8–10 cm lang, grün. Mittelrippe als Blattranke umgebildet.
Blüte: Glockenblüten, 5-zählig, bis 5 cm lang, blaulila, lila oder weiß.
Wuchs-/Blütenhöhe: 400–600 cm.
Frucht: Kapsel, eiförmig.
Standort: Sonnig bis halbschattig, nährstoffreiche Humusböden.
Verwendung: An Klettergerüsten im Wintergarten.
Vermehrung: Aussaat im III mit Vorkultur unter Glas. Ab V ins Freie.
Kultur: Samen vorquellen, dann einzeln in Töpfe stecken, später umtopfen. Humoser Boden, z.B. TKS.
Sorte: 'Alba', weiß, 400–600 cm hoch.

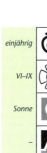

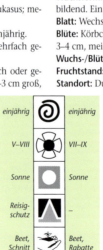

Consolida ajacis
(Syn. *Delphinium ajacis*)
Hyazinthenblütiger
Sommerrittersporn
Ranunculaceae, Hahnenfuß-
gewächse

Heimat: Mittelmeergebiete bis zum Kaukasus; mediterran.
Wuchsform: Aufrecht, horstbildend. Einjährig.
Blatt: Wechselständig, handförmig, mehrfach gefiedert, 3–5 cm, grün.
Blüte: Disymmetrisch, gespornt, einfach oder gefüllt in Violett, Blau, Rosa oder Weiß, 2–3 cm groß, dichte Ähren.
Wuchs-/Blütenhöhe: 30/80–150 cm.
Frucht: Balgfrucht
Standort: Durchlässige Böden in voller Sonne.
Verwendung: Beetpflanze, Schnitt.
Vermehrung: Aussaat im Herbst oder Vorfrühling, mit Vorkultur im Haus oder direkt an Ort und Stelle. 5 g ergeben 1000 Pflanzen.
Kultur: Bei Herbstaussaat im Freien leichter Reisigschutz.
Sorten: 'Blaue Wolke', blau; 'Weiße Wolke', weiß, beide 80 cm hoch.

Coreopsis tinctoria
Färber-Mädchenauge
Asteraceae, Asterngewächse

Heimat: Mexiko, südliche USA; subtropisch, mediterran.
Wuchsform: Buschig, vieltriebig, aufrecht, horstbildend. Einjährig.
Blatt: Wechselständig, nadelförmig, 2–3 cm, grün.
Blüte: Körbchenblüte auf dünnen Stängeln, radiär, 3–4 cm, meist gelb mit brauner Mitte.
Wuchs-/Blütenhöhe: 30/70–100 cm.
Fruchtstand: Körbchen.
Standort: Durchlässige Böden in voller Sonne.
Verwendung: Beet- und Rabattenpflanze.
Vermehrung: Aussaat im IV an Ort und Stelle. Keimdauer 12–20 Tage.
Kultur: Durchlässiger Boden. Zu dichte Keimlinge vereinzeln.
Sorten: 'Dazzler', rotgelb, 25 cm; 'Tetra Goldteppich', goldgelb, rotes Auge, 50 cm.
Hinweise: Reich blühende, kaum pflegebedürftige Sommerblume.

	einjährig		einjährig
	V–VIII		VII–IX
	Sonne		Sonne
	Reisig-schutz		–
	Beet, Schnitt		Beet, Rabatte

Cosmos bipinnatus
Schmuckkörbchen, Kosmee
Asteraceae, Asterngewächse

Heimat: Tropisches Amerika, Mexiko; subtropisch.
Wuchsform: Straff aufrecht, zierlich. Einjährig.
Blatt: Gegenständig, doppelt fiederschnittig, sehr fein, grün.
Blüte: Körbchen, Zungenblüten bis 10 cm groß, in Weiß, Rosa, Rot, Röhrenblüten gelb.
Wuchs-/Blütenhöhe: 30/80–120 cm.
Fruchtstand: Körbchen mit 1 cm langen Samen.
Standort: Durchlässige Böden in voller Sonne.
Verwendung: Beet- und Rabattenpflanze, Schnittblume.
Vermehrung: Aussaat unter Glas ab II, an Ort und Stelle ab Ende IV. Keimdauer 8–14 Tage.
Kultur: Humose Erde. Pflanzen hell und luftig kultivieren, stickstoffarme Nachdüngung.
Sorten: 'Sonata', mehrere Farbtöne, gedrungen, 60 cm; 'Seashell', röhrenförmige Randblüten, 80–120 cm.
Hinweise: Sät sich leicht selbst aus.

Crocosmia × crocosmiiflora
Garten-Montbretie
Iridaceae, Schwertliliengewächse

Heimat: Züchtung, die Eltern C. aurea × C. pottsii stammen aus Süd-Afrika; subtropisch, mediterran.
Wuchsform: Aufrecht bis überhängend, horstbildend. Mehrjährige Knollenpflanze.
Blatt: 2-zeilig, schwertförmig, gerippt, schmal, 60–80 cm lang, grün.
Blüte: Trichterförmig, 2,5–4 cm, orangerot, zahlreich an verzweigter Ähre,
Wuchs-/Blütenhöhe: 60–80 cm.
Frucht: 3-klappige Kapsel.
Standort: Vollsonnig bis halbschattig, trockene bis frische Böden.
Verwendung: Staudenflächen.
Vermehrung: Teilung oder Abtrennen der Brutknollen im Frühling.
Kultur: In humosen, durchlässigen Böden. Überwinterung im Freiland möglich, dann ist eine Laubabdeckung ab Herbst günstig. Knollen im Herbst ausgraben, trocken und frostfrei überwintern.
Sorten: 'Aurora', orange.

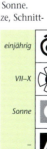

einjährig	Staude, Knollenpflanze
VII–X	VII–VIII
Sonne	Sonne bis Halbschatten
–	Reisigschutz
Beet, Rabatte, Schnitt	Beet, Schnitt

Cynoglossum amabile
China-Hundszunge, Sommer-Vergissmeinnicht
Boraginaceae, Boretschgewächse

Heimat: Westchina, Tibet; gemäßigt, submediterran.
Wuchsform: Aufrecht, breitbuschig. Zweijährig, meist einjährig kultiviert.
Blatt: Wechselständig, lanzettlich, immergrün, 5–20 cm lang, stark behaart, graugrün.
Blüte: Sternförmig, 5 mm groß, leuchtend blau, rosa oder rot, in Wickeln.
Wuchs-/Blütenhöhe: 30/40–60 cm.
Frucht: Nüsschen.
Standort: Nährstoffarme Kalkböden.
Verwendung: Steingarten, zu Rosen.
Vermehrung: Direktaussaat ab IV oder Voranzucht unter Glas ab II. Keimdauer 12–20 Tage.
Kultur: Durchlässiger Boden. Nach der Keimung in Töpfe pikieren, ab Mitte V ins Freiland pflanzen.
Sorten: 'Blauer Vogel', 35 cm; 'Firmament', 40 cm; beide kompakt, tiefblau.
Hinweise: Rückschnitt nach der ersten Blüte fördert Nachblühen.

Dianthus barbatus
Bart-Nelke
Caryophyllaceae, Nelkengewächse

Heimat: Europa, Asien; gemäßigt, montan.
Wuchsform: Buschig, aufrechte Blütenstängel. Zweijährig oder ausdauernde Staude.
Blatt: Gegenständig, lanzettlich, 5–7 cm lang, grün.
Blüte: Endständig, 2–3 cm, rot, rosa oder weiß, in dichten Trugdolden, duftend.
Wuchs-/Blütenhöhe: 20/30–60 cm.
Frucht: Kapsel.
Standort: Durchlässige Gartenböden.
Verwendung: Haltbare Schnittpflanze.
Vermehrung: Aussaat im Sommer direkt an Ort und Stelle, im Winter durch Laubabdeckung vor starken Frösten schützen. Bei einjähriger Kultur Aussaat von II–IV.
Kultur: Nährstoffreiche, humose Erde.
Sorten: 'Red Empress', scharlachrot, Wuchshöhe/Blütenhöhe 20/30–60 cm.
Hinweise: Pilzkrankheiten vorbeugend bekämpfen.

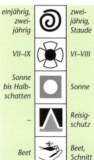

einjährig, zweijährig	zweijährig, Staude
VII–IX	VI–VIII
Sonne bis Halbschatten	Sonne
–	Reisigschutz
Beet	Beet, Schnitt

Dianthus caryophyllus
Edel-Nelke, Garten-Nelke
Caryophyllaceae, Nelkengewächse

Heimat: Süd-Europa, Mittelmeergebiete, in Kultur vielfältige Rassen; mediterran.
Wuchsform: Aufrecht, horstbildend. Ein- bis mehrjährig.
Blatt: Gegenständig, schmal lanzettlich, 4–8 cm, blaugrün.
Blüte: Meist gefüllte Blütenköpfe, an langen Stängeln und in vielen Farben.
Wuchs-/Blütenhöhe: 30/50–90 cm.
Frucht: Kapsel.
Standort: Humose Böden.
Verwendung: Schnittpflanze.
Vermehrung: Aussaat ab II im Haus. Schnittsorten durch Stecklinge, sandig humoses Substrat, kühl und hell kultivieren.
Kultur: Für Schnittblumenkultur von I–V ins Haus pflanzen, Beete desinfizieren.
Sorten: Viele Sorten und Rassen, z.B. 'Liliput Rosa', rosa, 20 cm, einjährig; „Chabaud-Nelken-Prachtmischung", alle Farben, 40–50 cm.

Dimorphotheca sinuata
Kapkörbchen, Kapringelblume
Asteraceae, Asterngewächse

Heimat: Süd-Afrika; subtropisch, mediterran.
Wuchsform: Buschig, Blütenstiele aufrecht. Einjährig.
Blatt: Wechselständig, lanzettlich, 4–7 cm lang, glänzend, mittelgrün.
Blüte: Körbchen mit langen Zungenblüten, 5–8 cm groß, orange.
Wuchs-/Blütenhöhe: 20/25–40 cm.
Frucht: Achäne.
Standort: Durchlässige Böden auf vollsonnigen, warmen Plätzen.
Verwendung: Steingarten, für Pflanzgefäße, Schnittpflanze.
Vermehrung: Aussaat II–III unter Glas.
Kultur: Durchlässiger Boden. Nach der Keimung tuffweise pikieren, ab V ins Freie pflanzen.
Sorten: 'Tetra Goliath', großblumig, orange, Schnittsorte, Blütenhöhe 25–40 cm.
Hinweise: Neben orange gibt es auch weiße, gelbe, rosa oder violette Sorten.

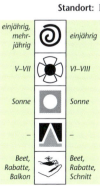

Dorotheanthus bellidiformis
Mittagsblume
Aizoaceae, Mittagsblumengewächse

Heimat: Süd-Afrika: Kapland; subtropisch.
Wuchsform: Matten bildend, kriechend. Einjährige Sukkulente.
Blatt: Gegenständig, lanzettlich, dickfleischig, 3–8 cm lang, blaugrün.
Blüte: Körbchen mit vielen Strahlenblüten, bis 4 cm, weiß, rosa, rot.
Wuchs-/Blütenhöhe: 5/10 cm.
Frucht: Kapsel.
Standort: Trockene, auch sandige Böden in vollsonnigen Lagen, keine Staunässe.
Verwendung: Bodendecker in Sukkulentengärten, im Steingarten.
Vermehrung: Aussaat im V an Ort und Stelle. Keimdauer 12–20 Tage.
Kultur: Sandiger Boden. Nach den Eisheiligen ins Freie pflanzen.
Sorten: Nur Farbmischungen im Handel.
Hinweise: Blüten öffnen sich nur bei voller Sonne.

Erysimum cheiri
(Syn. *Cheiranthus cheiri*)
Goldlack
Brassicaceae, Kohlgewächse

Heimat: Südöstliches Europa; mediterran.
Wuchsform: Aufrecht, buschig, Triebe verholzen am Grund. Zweijährig.
Blatt: Wechselständig, breit lanzettlich, immergrün, 7–8 cm, grüngrau.
Blüte: Kreuzförmig, 4-zählig, 2–3 cm groß, gelb, orange oder rotbraun, in Trauben, süß duftend.
Wuchs-/Blütenhöhe: 20/30–70 cm.
Frucht: Schote.
Standort: Durchlässige Kalkböden.
Verwendung: Beet- und Rabattenpflanze, für Einfassungen, Kübelpflanze, Schnittpflanze.
Vermehrung: Aussaat von V–VII (Dunkelkeimer), später vereinzeln. Keimdauer 7–14 Tage.
Kultur: Durchlässiger Boden. Im Freiland auspflanzen ab VIII.
Sorten: 'Goliath', dunkel braunrot, 50 cm; 'Vulkan', blutrot, 50 cm.
Hinweise: Auf Falschen Mehltau und Grauschimmel achten.

einjährig, Sukkulente		zweijährig
VII–IX		IV–VI
Sonne		Sonne
–		Reisigschutz
Rabatte, Boden		Beet, Schnitt

Eschscholzia californica
Kalifornischer Kappenmohn,
Goldmohn, Schlafmützchen
Papaveraceae, Mohngewächse

Heimat: Östliches Nordamerika; subtropisch, mediterran.
Wuchsform: Buschig, vieltriebig. In der Heimat zweijährig bis ausdauernd, bei uns einjährig.
Blatt: Wechselständig, fein zerteilt, 6–8 cm, graugrün.
Blüte: Becherförmig, 6–8 cm groß, orange, weiß oder gelb, einfach oder gefüllt.
Wuchs-/Blütenhöhe: 20/30–50 cm.
Frucht: Langgezogene Kapsel, 6–8 cm lang.
Standort: Nährstoffarme, durchlässige Böden in voller Sonne, sehr wärmeliebend.
Verwendung: Rabattenpflanze, im Steingarten.
Vermehrung: Aussaat an Ort und Stelle von IV–VI, auch Selbstaussaat. Keimdauer 8–14 Tage.
Kultur: Durchlässiger Boden. Nach der Keimung vereinzeln.
Sorten: 'Dalli', orangerot 15–25 cm.

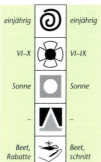

Gaillardia pulchella
Kurzlebige Kokardenblume
Asteraceae, Asterngewächse

Heimat: Südöstliche USA; subtropisch.
Wuchsform: Aufrecht, buschig. Einjährig.
Blatt: Wechselständig, linealisch, 6–8 cm, gezähnter Rand, rau, grau.
Blüte: Körbchen, 6–8 cm groß, Zungenblüten gelb, weiß, rot oder orange, auch gefüllt, Röhrenblüten purpur.
Wuchs-/Blütenhöhe: 20/30–70 cm.
Fruchtstand: Körbchen, Samen mit Pappus.
Standort: Tiefgründige, durchlässige Böden in voller Sonne.
Verwendung: Beet- und Rabattenpflanze, Kübelpflanze, prächtige Schnittpflanze.
Vermehrung: Aussaat im III unter Glas, anschließend pikieren. Keimdauer 12–20 Tage.
Kultur: Ab Mitte V ins Freiland pflanzen, in nährstoffreiche Böden.
Sorten: 'Lorenziana', gefüllte Farbmischung; 'Tetra', blutrot, einfach; Wuchshöhe/Blütenhöhe: 30–50 cm.

Gazania rigens
Gazanie, Mittagsgold
Asteraceae, Asterngewächse

Heimat: Südliches Afrika; mediterran.
Wuchsform: Horstbildend, aufrechte Blütenstiele, flache, bodennahe Blattrosette. Einjährig.
Blatt: Rosette, Einzelblatt linealisch, 15–20 cm lang, grün, unterseits silbrig.
Blüte: Körbchen, 3 cm groß, an langen Stielen, je nach Sorte goldgelb, gelb-orange, kupfer mit braun oder weiß.
Wuchs-/Blütenhöhe: 20/30 cm.
Fruchtstand: Körbchen.
Standort: Durchlässige Böden in voller Sonne.
Verwendung: Rabattenpflanze, für Pflanzgefäße, im Steingarten.
Vermehrung: Aussaat von II–IV unter Glas. Keimdauer 7–14 Tage. Sorten auch durch Stecklinge im Spätsommer/Herbst.
Kultur: Durchlässiger Boden. Keimlinge in Töpfe pikieren, ab V ins Freiland pflanzen.
Sorten: 10 cm große Blüten. 'Morgensonne'. Orange mit schwarzem Ring.

Gypsophila elegans
Sommer-Schleierkraut
Caryophyllaceae, Nelkengewächse

Heimat: Kleinasien, Kaukasus; gemäßigt, submediteran.
Wuchsform: Buschig, vieltriebig, horstbildend. Einjährig.
Blatt: Gegenständig, lanzettlich, 2–5 cm lang.
Blüte: Sternförmig, 5-zählig, 1–1,5 cm, weiß oder rosa, in Doldentrauben.
Wuchs-/Blütenhöhe: 20/30–40 cm.
Frucht: Kapsel.
Standort: Durchlässige, kalkhaltige Böden in voller Sonne.
Verwendung: Rabatten, Steingarten.
Vermehrung: Aussaat III–VI ins Freiland. 2 g für 1000 Pflanzen.
Kultur: Durchlässiger Boden. Nach der Keimung, dauert etwa 2–3 Wochen, Keimlinge vereinzeln. Sparsam gießen, Staunässe vermeiden.
Sorten: 'Red Cloud', rosa, 30 cm.
Hinweise: Kurzlebig, Blütezeit lässt sich durch Folgesaaten verlängern.

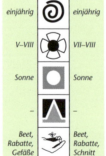

einjährig	einjährig
V–VIII	VII–VIII
Sonne	Sonne
–	–
Beet, Rabatte, Gefäße	Beet, Rabatte, Schnitt

Helianthus annuus
Gewöhnliche Sonnenblume
Asteraceae, Asterngewächse

Heimat: Westliche USA, Nordmexiko; submediterran.
Wuchsform: Aufrecht, rasch wachsend. Einjährig.
Blatt: Wechselständig, herzförmig, 20–50 cm groß, rau, Rand gesägt, grün.
Blüte: Blütenköpfe bis 35 cm groß, endständig, Röhrenblüten braunschwarz, Randblüten je nach Sorte gelb, braun, rötlich, einfach oder gefüllt.
Wuchs-/Blütenhöhe: 30–400 cm.
Fruchtstand: Körbchen mit vielen ölhaltigen Samen, 1–1,5 cm groß.
Standort: Durchlässige, nährstoffreiche Böden in voller Sonne.
Verwendung: Schnittpflanze, Gründünger.
Vermehrung: Aussaat ab III mit Vorkultur unter Glas, ab IV ins Freie.
Kultur: Normaler Gartenboden. Reichlich wässern und düngen.
Sorten: 'Goldener Neger', goldgelb, braune Scheibe, 200 cm; 'Nanus Plenus', gelb, gefüllt, 100 cm.
Hinweise: Auf Mehltau und Grauschimmel achten.

Helichrysum bracteatum
Garten-Strohblume
Asteraceae, Asterngewächse

Heimat: Australien, mit vielen Hybriden und Sorten; subtropisch.
Wuchsform: Aufrecht, horstbildend. In der Heimat ausdauernde Staude, bei uns einjährig kultiviert.
Blatt: Wechselständig, linealisch, 5–12 cm lang.
Blüte: Körbchen, 5–8 cm groß, Hüllblätter rot, gelb, orange oder weiß, einfach oder gefüllt, Röhrenblüten gelb, in Doldentrauben.
Wuchs-/Blütenhöhe: 20/50–100 cm.
Fruchtstand: Körbchen, Samen mit Pappus.
Standort: Durchlässige Böden.
Verwendung: Trockenblume.
Vermehrung: Aussaat ab III unter Glas, ab IV ins Freie.
Kultur: Durchlässiger Boden. 3–5 Samen je Topf auslegen.
Sorten: 'Album', weiß, 60–80 cm; 'Chico', 30–40 cm, kompakt, mehrere Farben.
Hinweise: Blüten zum Trocknen im halb geöffneten Knospenstadium ernten und mit den Stielen nach unten aufhängen.
Auf Mehltau und Blattläuse achten.

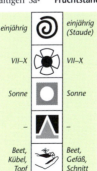

	einjährig	einjährig (Staude)
	VII–X	VII–X
	Sonne	Sonne
	–	–
	Beet, Kübel, Topf	Beet, Gefäß, Schnitt

Heliotropium arborescens
Heliotrop, Sonnenwende
Boraginaceae, Boretschgewächse

Heimat: Südamerika: Peru; subtropisch.
Wuchsform: Breit aufrecht, dicht. Nicht frostharter Halbstrauch, meist einjährig kultiviert, als Kübelpflanze bei frostfreier Überwinterung mehrjährig.
Blatt: Wechselständig, elliptisch, 6–10 cm lang, runzelig, dunkelgrün.
Blüte: 5-zipfelig, radiär, 6 mm groß, dunkelviolett, in reichblütigen Doldentrauben, nach Vanille duftend.
Wuchs-/Blütenhöhe: 30/40–50 cm.
Frucht: Nüsschen.
Standort: Humose Böden.
Verwendung: Beet- und Rabattenpflanze, Kübel- und Balkonpflanze.
Vermehrung: Stecklinge im Herbst. Aussaat I–III im Warmhaus, Lichtkeimer.
Kultur: Durchlässige, nahrhafte Erde, Staunässe vermeiden. Ab V ins Freie. Helle Überwinterung bei 12–18 °C.
Sorten: 'Marine', blau, 50 cm; 'Blaues Wunder', tiefblau, 40 cm.

Iberis umbellata
Doldige Schleifenblume
Brassicaceae, Kohlgewächse

Heimat: Mittelmeergebiete; mediterran.
Wuchsform: Breit aufrecht, horstbildend.
Blatt: Wechselständig, linealisch, 5–9 cm lang.
Blüte: Einzelblüte mit vier ungleich langen Blütenblättern, 5–8 mm groß, rosa, purpur, violett oder weiß, in dichter Doldentraube, duftend.
Wuchs-/Blütenhöhe: 20/40–50 cm.
Frucht: Schote.
Standort: Durchlässige Böden.
Verwendung: Beet- und Rabattenpflanze, Schnittpflanze, zur Grabbepflanzung.
Vermehrung: Aussaat im III unter Glas, ab IV–V im Freiland. Lichtkeimer.
Kultur: Durchlässiger Boden. Hell und luftig kultivieren, keine Staunässe. Bei Direktsaat nur Vereinzelung auf 15 cm notwendig.
Sorten: 'Märchenzauber', rot, rosa, weiß, 25 cm; 'Red Flash', rubinrot, 25 cm.

einjährig, Halbstrauch	⟳	einjährig
V–IX	✤	V–VIII
Sonne	▢	Sonne
Kalthaus, temperiert	▲	–
Beet, Kübel, Balkon	✋	Beet, Grab, Schnitt

Impatiens walleriana
Fleißiges Lieschen
Balsaminaceae, Balsaminengewächse

Heimat: Tropisches Ost-Afrika; tropisch.
Wuchsform: Polster- bis mattenförmig, mit fleischigen, stark verästelten Trieben. Einjährig.
Blatt: Wechselständig, elliptisch bis lanzettlich, gezähnt, 4–5 cm lang, grün.
Blüte: Tellerförmig, zygomorph, 5-teilig, flach, 3–4 cm breit, mit langem Sporn, in vielen Farben von Weiß, Rosa, Rot, Violett bis mehrfarbig.
Wuchs-/Blütenhöhe: 5–15/10–30 cm.
Frucht: Kapsel, springt auf.
Standort: Humose Böden.
Verwendung: Bodendecker, für Beete und Rabatten, zur Grabbepflanzung.
Vermehrung: Aussaat von II–III unter Glas. Man braucht 1 g Samen für 1000 Pflanzen. Von Sorten Stecklinge, im Sommer.
Kultur: Einheitserde. Frostempfindlich, nicht vor Mitte V auspflanzen.
Sorten: 'Fortuna Compacta', in vielen Farben; 'Concorde Roter Stern', rot, 10–20 cm.

Ipomoea purpurea
(Syn. *Pharbitis purpurea*)
Bunte Gartenwinde, Purpur-Trichterwinde
Convolvulaceae, Windengewächse

Heimat: Tropisches Amerika; subtropisch.
Wuchsform: Rasch wachsender Schlinger.
Blatt: Wechselständig, herzförmig, 6–8 cm groß.
Blüte: Trichterförmig, 4–6 cm groß, rot, rosa, purpur oder weiß.
Wuchs-/Blütenhöhe: 300–400 cm.
Frucht: Kapsel mit großen, braunschwarzen Samen.
Standort: Durchlässige Humusböden in voller Sonne.
Verwendung: Begrünung von Pergolen und Rankgerüsten aller Art.
Vermehrung: Aussaat im IV direkt an Ort und Stelle.
Kultur: Einheitserde. Bei Vorkultur unter Glas direkt in Töpfe säen.
Sorten: Im Handel sind meist Mischungen erhältlich, z.B. 'Prachtmischung'.
Hinweise: Robust, aber frostempfindlich. Erfriert bei den ersten Minusgraden.

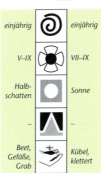

	einjährig	einjährig
	V–IX	VII–IX
	Halbschatten	Sonne
	–	–
	Beet, Gefäße, Grab	Kübel, klettert

Lathyrus odoratus
Duft-Wicke, Duftende Platterbse
Fabaceae, Hülsenfrüchtler

Heimat: Süditalien, Sizilien; mediterran.
Wuchsform: Kletterpflanze mit Blattranken, geflügelte Triebe. Einjährig.
Blatt: Wechselständig, eiförmig, 2–4 cm lang.
Blüte: Schmetterlingsblüte, zygomorph, 2–3 cm groß, rot, rosa, weiß, blau oder violett, in gestielten Trauben aus den Blattachseln entspringend, duftend.
Wuchs-/Blütenhöhe: 100–300 cm.
Frucht: Hülse mit kugeligen, großen Samen.
Standort: Tiefgründige, kalkhaltige Böden in sonniger Lage.
Verwendung: Begrünung von Zäunen und Pergolen, Schnittpflanze.
Vermehrung: Aussaat unter Glas von X–IV. Samen vorher 2 Stunden quellen lassen.
Kultur: Lehmiger Boden. Im Freien ab IV aussäen, in Reihen, 2–3 cm tief.
Sorten: 'Anne Vestey', hellrot; 'Winston Churchill', weiß-rot; je 100–300 cm; 'Little Sweetheart', 20 cm hoch.

Lavatera trimestris
Bechermalve, Garten-Strauchpappel
Malvaceae, Malvengewächse

Heimat: Mittelmeergebiete, Süd-Europa bis Syrien; mediterran.
Wuchsform: Breit aufrecht, buschig. Einjährig.
Blatt: Wechselständig, handförmig, 3- bis 5-lappig, behaart, Rand gesägt, grün.
Blüte: Schalenförmig, 6–10 cm breit, rosa oder weiß, reich blühend.
Wuchs-/Blütenhöhe: 50–100/60–120 cm.
Frucht: Spaltfrucht, rund und flach.
Standort: Durchlässige Böden.
Verwendung: Einzeln in Rabatten, Schnittpflanze.
Vermehrung: Aussaat III–IV unter Glas, direkt in Töpfe. Ab IV auch Aussaat an Ort und Stelle möglich.
Kultur: Humose, durchlässige Böden, pH 5,5, stickstoffarm. Ab V ins Freiland pflanzen.
Sorten: 'Rosea', kräftig rosa; 'Montblanc', weiß; 'White Beauty', weiß; alle 60 cm hoch.
Hinweise: Auf Blattfleckenkrankheiten achten.

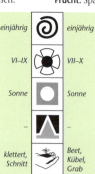

	einjährig	einjährig
	VI–IX	VII–X
	Sonne	Sonne
	–	–
	klettert, Schnitt	Beet, Kübel, Grab

Linaria maroccana
Leinkraut
Scrophulariaceae, Braunwurzgewächse

Heimat: Marokko; mediterran.
Wuchsform: Buschig, horstbildend. Einjährig.
Blatt: Wechselständig, linealisch, fein, 1–3 cm lang, blaugrün.
Blüte: Endständige, gespornte Blüten, 1–2 cm, lila, auch gelblich oder rötlich, in Trauben.
Wuchs-/Blütenhöhe: 15/20–30 cm.
Frucht: Kapsel.
Standort: Durchlässige Böden in voller Sonne.
Verwendung: Beet- und Balkonpflanze, im Steingarten.
Vermehrung: Aussaat im IV an Ort und Stelle, auch Selbstaussaat möglich. Keimdauer 14–20 Tage.
Kultur: Einheitserde. Tuffweise in Töpfe pikieren, ab V auspflanzen,
Sorten: 'Feenmischung', verschiedene Farbtöne, Wuchshöhe/Blütenhöhe 15/20–30 cm.
Hinweise: Zierlicher, anspruchsloser Sommerblüher, äußerst reich blühend.

Linum grandiflorum
Roter Lein
Linaceae, Leingewächse

Heimat: Algerien; mediterran.
Wuchsform: Aufrecht, horstbildend. Einjährig.
Blatt: Wechselständig, lanzettlich, 4–5 cm lang, blaugrün.
Blüte: Schalenförmig, 2–3 cm groß, rot, in Trugdolden am Triebende.
Wuchs-/Blütenhöhe: 30–40/40–50 cm.
Frucht: Kugelige Kapsel.
Standort: Durchlässige Böden in voller Sonne.
Verwendung: Beet- und Rabattenpflanze, Kübelpflanze, Schnittpflanze.
Vermehrung: Aussaat im IV an Ort und Stelle, Reihensaat. Keimdauer 12–14 Tage.
Kultur: Einheitserde mit Sandzusatz. Vorkultur in Töpfen ab Anfang IV. Kann in milden Wintern auch überwintern.
Sorten: 'Rubrum', blutrot, Wuchshöhe/Blütenhöhe 30–40/40–50 cm.
Hinweise: Dauerblüher.

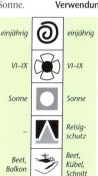

einjährig	*einjährig*
VI–IX	VI–IX
Sonne	Sonne
–	Reisigschutz
Beet, Balkon	Beet, Kübel, Schnitt

Lobelia erinus
Männertreu
Campanulaceae, Glockenblumengewächse

Heimat: Süd-Afrika: Kapland; mediterran.
Wuchsform: Niederliegend, buschig, feintriebig, aufrecht oder hängend. Einjährig.
Blatt: Wechselständig, lanzettlich, 2–3 cm lang, grün oder dunkel.
Blüte: Zygomorph, 1–1,5 cm breit, hell- oder dunkelblau, auch weiß oder rötlich, in großer Anzahl.
Wuchs-/Blütenhöhe: 15–30 cm.
Frucht: Kapsel.
Standort: Humose Böden.
Verwendung: Bodendecker, für Einfassungen und Rabatten.
Vermehrung: Aussaat mit Vorkultur unter Glas ab III. 0,5 g Saatgut für 1000 Pflanzen erforderlich.
Kultur: Tuffweise in Töpfe mit Einheitserde P pikieren, ab V ins Freie pflanzen. Gleichmäßig feucht halten.
Sorten: 'Kaiser Wilhelm', blau; 'Kristallpalast', blau mit dunklem Laub; 'Schneeball', weiß; je 15–20 cm.

Lunaria annua
Einjähriges Silberblatt, Judassilberling, Mondviole
Brassicaceae, Kohlgewächse

Heimat: Süd-Europa bis Kleinasien; gemäßigt.
Wuchsform: Steif aufrecht, rosettenbildend.
Blatt: Wechselständig, herzförmig, 8–10 cm lang, am Rand gezähnt, grün.
Blüte: Kreuzförmige Blüten 1,5 cm groß, hellrot oder weiß, in endständiger Traube.
Wuchs-/Blütenhöhe: 20/60–100 cm.
Frucht: Ovale Schote, bis 5 cm lang. Samen linsenförmig, Scheidewände silbrig.
Standort: Humose, durchlässige Böden in halbschattigen Lagen.
Verwendung: Trockenschmuck.
Vermehrung: Aussaat von III–VII ins Freiland, dann an den gewünschten Standort pflanzen. Bei Vorkultur unter Glas ist schon eine Blüte im gleichen Jahr möglich, wenn auch schwächer.
Kultur: Lehmiger Boden. Rosette mit leichtem Schutz überwintern.

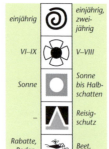

einjährig	⟳	einjährig, zweijährig
VI–IX	✤	V–VIII
Sonne	◯	Sonne bis Halbschatten
–	▲	Reisigschutz
Rabatte, Boden, Gefäße	✋	Beet, Kübel

Matthiola incana
Garten-Levkoje
Brassicaceae, Kohlgewächse

Heimat: Süd-Europa, Nord-Afrika, Kleinasien; mediterran.
Wuchsform: Aufrecht, buschig, horstbildend.
Blatt: Gegenständig, lanzettlich, 6–8 cm, grau, graufilzig behaart.
Blüte: Kreuzförmig, 4-zählig, 2–3 cm groß, rosa, lila, weiß, oft gefüllt, in endständiger Traube, stark duftend.
Wuchs-/Blütenhöhe: 15/50–80 cm.
Frucht: Schote, 5–16 cm lang.
Standort: Durchlässige Lehmböden.
Verwendung: Beet- und Rabattenpflanze, Schnittpflanze.
Vermehrung: Aussaat von II–III unter Glas.
Kultur: In nährstoffreichen Böden mit hohem pH-Wert. Gleichmäßig wässern, Blätter dabei möglichst nicht benetzen.
Sorten: 'Excelsior-Riesen', viele Farben.
Hinweise: Hellblättrige Sämlinge blühen gefüllt.

Moluccella laevis
Muschelblume
Lamiaceae, Lippenblütler

Heimat: West-Asien; gemäßigt.
Wuchsform: Straff aufrecht. Einjährig.
Blatt: Gegenständig, kreisrund, lang gestielt, gekerbt, 2–3 cm, graugrün, glänzend.
Blüte: Weiße Lippenblüte, unscheinbar, 1 cm groß, eigentliche Zierde sind die grünen Kelchblätter („Muscheln") von 2–3 cm Durchmesser, bis 30 cm lange Ähren.
Wuchs-/Blütenhöhe: 40/60–100 cm.
Frucht: Nüsschen.
Standort: Lockere Gartenböden in voller Sonne.
Verwendung: Beetpflanze, Schnittpflanze, Trockenschmuck.
Vermehrung: Aussaat unter Glas im IV. Keimdauer 14–30 Tage.
Blüht 15 Wochen nach der Aussaat.
Kultur: Humose, nährstoffreiche Erden. Regelmäßige Nachdüngung und Wassergaben sind wichtig.
Hinweise: Auf Grauschimmel, Blattläuse und Raupenbefall achten.

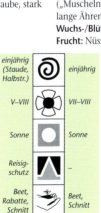

einjährig (Staude, Halbstr.)	einjährig
V–VIII	VII–VIII
Sonne	Sonne
Reisigschutz	–
Beet, Rabatte, Schnitt	Beet, Schnitt

Myosotis sylvatica
Wald-Vergissmeinnicht
Boraginaceae, Boretschgewächse

Heimat: Europa bis Sibirien, mit vielen Hybriden; gemäßigt.
Wuchsform: Breit aufrecht, buschig. Staude. Die Sorten werden meist zweijährig kultiviert.
Blatt: Wechselständig, lanzettlich, 6–8 cm, graugrün, rau behaart.
Blüte: Radiär, 4–6 mm groß, blau mit gelbem Auge, in endständigen Wickeln.
Wuchs-/Blütenhöhe: 10–30/15–40 cm.
Frucht: Nüsschen.
Standort: Humose Böden.
Verwendung: Beetpflanze, als Unterpflanzung zu Tulpen, zur Grabbepflanzung, für Pflanzgefäße.
Vermehrung: Aussaat von VI–VII ins Freiland, Samen leicht abdecken. Aussaat unter Glas von II–III bei 18 °C ermöglicht einjährige Kultur.
Kultur: Sandig humoser Boden.
Sorten: 'Amethyst', indigoblau, 15 cm; 'Compindi', dunkelviolett, 15 cm (Bild); 'Wallufer Schnitt', bewährte Schnittsorte, himmelblau.

Nicotiana × sanderae
Zier-Tabak
Solanaceae, Nachtschattengewächse

Heimat: Hybride aus *N. alata* × *N. forgetiana*, stammen aus Südamerika; subtropisch.
Wuchsform: Buschig, vieltriebig. Einjährig.
Blatt: Wechselständig, elliptisch, 8–15 cm lang, flaumig behaart, grün.
Blüte: Röhrenförmige Trichterblüten, 3–5 cm groß, weiß, gelb, rosa oder rot, in endständigen Doldentrauben.
Wuchs-/Blütenhöhe: 40–70 cm.
Frucht: Beere, selten.
Standort: Humose Böden.
Verwendung: Grabbepflanzung.
Vermehrung: Aussaat von II–III unter Glas. Lichtkeimer.
Kultur: In Einheitserde P pikieren, später topfen, ab Mitte V auspflanzen.
Sorten: 'Samba' F1-Hybriden, viele Farbtöne, 25–30 cm.
Hinweise: Auf Blattläuse achten.

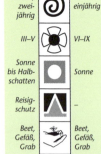

Nigella damascena
Gretel im Busch, Jungfer im Grünen
Ranunculaceae, Hahnenfußgewächse

Heimat: Östliche Mittelmeergebiete; mediterran.
Wuchsform: Aufrecht, buschig. Einjährig.
Blatt: Wechselständig, 3-fach gefiedert, sehr fein, 3–5 cm lang, grün.
Blüte: Radiär, 3–4 cm groß, himmelblau, auch weiß und rosa, endständig.
Wuchs-/Blütenhöhe: 30/40–50 cm.
Frucht: Balgfrucht, eiförmig, dekorativ gehörnt, 5 cm.
Standort: Durchlässige Böden.
Verwendung: Trockenschmuck.
Vermehrung: Aussaat von III–IV ins Freie, in mehreren Sätzen.
Kultur: Durchlässiger Boden.
Sorten: 'Miss Jekyll', himmelblau, 45 cm.
Weitere Arten: *N. sativa*, Echter Schwarzkümmel, Samen dient als Küchengewürz.
Hinweise: Stiele mit Fruchtkapseln in grünem Zustand schneiden und kopfüber trocknen.

Oenothera biennis
Gewöhnliche Nachtkerze
Onagraceae, Nachtkerzengewächse

Heimat: USA, Mexiko; submediterran.
Wuchsform: Aufrecht, horstbildend. Zweijährig.
Blatt: Grundständige Blattrosette, Einzelblatt lanzettlich, 10–15 cm lang, grün.
Blüte: Schalenblüten, 5–8 cm groß, reingelb, zahlreich in endständiger Traube. Blüten öffnen sich abends und schließen sich am nächsten Vormittag.
Wuchs-/Blütenhöhe: 20/150–200 cm.
Frucht: Längliche Kapsel.
Standort: Jede Bodenart.
Verwendung: Einzeln in Sommerblumen- oder Staudenbeeten.
Vermehrung: Aussaat im Sommer, direkt an Ort und Stelle. Keimdauer 7–14 Tage. Sät sich auch gerne selbst aus.
Kultur: Humoser, auch lehmiger Boden. Nach der Keimung vereinzeln. Überwintert ohne Schutz, blüht im darauf folgenden Jahr.
Hinweise: Der Duft und die Farben locken Nachtschmetterlinge an.

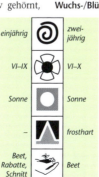

einjährig	zweijährig
VI–IX	VI–X
Sonne	Sonne
–	frosthart
Beet, Rabatte, Schnitt	Beet

Penstemon gentianoides
(Syn. *P. × hybridus*)
Bartfaden
Scrophulariaceae, Braunwurzgewächse

Heimat: Westliches Nordamerika, Mittel-Amerika; subtropisch, gemäßigt.
Wuchsform: Aufrecht, buschig. Nicht frosthart.
Blatt: Gegenständig, eiförmig zugepitzt, 8–12 cm lang, grün.
Blüte: Glockenförmig, 4–5 cm lang, rosa, rot, lila oder weiß, in Trauben.
Wuchs-/Blütenhöhe: 30/60–80 cm.
Frucht: Kapsel.
Standort: Humose, durchlässige Gartenböden in sonnigen Lagen.
Verwendung: Beetpflanze, für Stauden- und Sommerblumenbeete, Schnittpflanze.
Vermehrung: Aussaat von II–III unter Glas, Keimzeit 15–20 Tage.
Kultur: Nährstoffreiche Humuserde, ab Mitte V auspflanzen. Sehr wärmebedürftig, bei uns nicht frosthart.
Sorten: 'Öschberg', rein weiß, 60 cm; 'Scharlachkönigin', rot, 75 cm.

Petunia × atkinsiana
(Syn. *Petunia*-Hybriden)
Garten-Petunie
Solanaceae, Nachtschattengewächse

Heimat: Hybride aus *P. axillaris* × *P. integrifolia*, die Arten stammen aus Südamerika; tropisch, subtropisch.
Wuchsform: Buschig, je nach Sorte aufrecht bis überhängend. Einjährig kultiviert.
Blatt: Gegenständig, eiförmig, 3–4 cm lang, drüsig filzig behaart, grün.
Blüte: Trichterförmig, 3–5 cm groß, in vielen Farbtönen, auch mehrfarbig, in end- und achselständigen Trugdolden, duftend.
Wuchs-/Blütenhöhe: 20/20–30 cm.
Frucht: Kapsel.
Standort: Humose Böden.
Verwendung: Grabbepflanzung.
Vermehrung: Aussaat von I–III in TKS. Keimzeit 2–3 Wochen.
Kultur: Humoser Boden. Keimlinge direkt in Töpfe pikieren.
Sorten: Grandiflora-Gruppe: großblumig. 'Marathon Weinrot', weinrot, regenfest; (Bild: 'Astro').

	einjährig	einjährig
	VI–IX	VI–X
	Sonne	Sonne
	–	–
	Beet, Schnitt	Beet, Gefäß, Grab

Phaseolus coccineus
Feuer-Bohne
Fabaceae, Hülsenfrüchtler

Heimat: Mittel-Amerika, Mexiko; tropisch.
Wuchsform: Aufrechter, rasch wachsender Schlinger. Einjährig.
Blatt: Wechselständig, herzförmig, 3-zählig, 7–12 cm lang, grün.
Blüte: Schmetterlingsblüte, 2 cm, scharlachrot, in achselständigen Trauben.
Wuchs-/Blütenhöhe: 150–300 cm.
Frucht: Breite Hülse, 25–30 cm lang, Samen rötlich-weiß, 2 cm lang.
Standort: Lehmig humose Böden.
Verwendung: Begrünung von Rankgerüsten, Zäunen, Pergolen; in Kübeln; guter Sichtschutz.
Vermehrung: Aussaat ab Mitte V am Standort. Dabei 3–4 Bohnen in Horsten 3–4 cm tief auslegen.
Kultur: Lehmiger Boden. Pflanzen bald nach der Keimung aufbinden.
Sorten: 'Painted Lady', rot-weiß; 'Preisgewinner', scharlachrot; beide 150–300 cm hoch.
Hinweise: Früchte und Samen sind gekocht essbar.

Phlox drummondii
Einjähriger Phlox, Sommer-Phlox
Polemoniaceae, Himmelsleitergewächse

Heimat: Mexiko, Texas; subtropisch.
Wuchsform: Buschig, aufrecht. Einjährig.
Blatt: Gegenständig, lanzettlich zugespitzt, 3–4 cm lang, grün.
Blüte: Sternförmig, 2 cm groß, rot, rosa, weiß oder auch mehrfarbig, in endständigen Trugdolden.
Wuchs-/Blütenhöhe: 20/25–60 cm.
Frucht: Kapsel.
Standort: Humose Böden.
Verwendung: Steingarten, hohe Sorten als Schnittpflanzen.
Vermehrung: Aussaat von III–IV unter Glas.
Kultur: Sandiger Boden. Sämlinge in Töpfe pikieren, ab V ins Freiland.
Sorten: 'Beauty', karminrot, 20 cm; 'Sternenzauber', in Rot-Weiß, Rot, Purpur, gezackte Blüten, 20 cm. Im Handel sind vorwiegend Farbmischungen.
Hinweise: Ein Rückschnitt nach der Blüte fördert eine weitere Blüte.

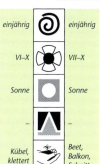

	einjährig	einjährig
	VI–X	VII–X
	Sonne	Sonne
	–	–
	Kübel, klettert	Beet, Balkon, Schnitt

Ricinus communis
Wunderbaum, Rizinus, Palma Christi
Euphorbiaceae, Wolfsmilchgewächse

Heimat: Tropisches Afrika; subtropisch.
Wuchsform: Aufrecht, breit wachsend.
Blatt: Wechselständig, handförmig gelappt, über 60 cm breit, grün oder rot.
Blüte: Einhäusig, weibliche Blüten bräunlich, mit auffälliger roter Narbe, männliche Blüten gelb, 2–3 mm groß.
Wuchs-/Blütenhöhe: 300–800 cm.
Frucht: Spaltfrucht, stachelig, rot, ähnlich der Esskastanie. Enthält große, gemaserte, giftige Samen.
Standort: Nährstoffreiche Böden.
Verwendung: Einzelstand.
Vermehrung: Aussaat mit Vorkultur unter Glas III–IV.
Kultur: TKS 2. 1 Samen pro Topf auslegen. Überwinterung im Kalthaus.
Sorten: 'Gibsonii Impala', rotlaubig; 'Sanguineus', grünes Laub, rote Stiele.
Besonderes: Anbau in den Tropen zur Rizinusölgewinnung.

Rudbeckia hirta
Rauer Sonnenhut
Asteraceae, Asterngewächse

Heimat: Östliche und Mittlere USA; gemäßigt.
Wuchsform: Breit aufrecht, rau behaart.
Blatt: Wechselständig, breit lanzettlich, 5–7 cm lang, rau behaart, grün.
Blüte: Köpfchen, 5–10 cm groß, gelbe Zungenblüten, braunschwarze Röhrenblüten.
Wuchs-/Blütenhöhe: 40–60/50–100 cm.
Fruchtstand: Köpfchen, Achäne.
Standort: Durchlässige Böden.
Verwendung: Schnittpflanze.
Vermehrung: Aussaat im III mit Vorkultur unter Glas. Keimdauer 2–3 Wochen bei 16–18 °C.
Kultur: Nährstoffreiches, lockeres Substrat. Sämlinge hell und luftig kultivieren, ab V ins Freie pflanzen.
Sorten: 'Goldilocks', gelb, gefüllt, 60 cm, 'Marmalade', goldgelb, 50 cm (Bild); 'Toto', goldgelb mit braunschwarzer Mitte, 25 cm, Topf- und Beetpflanze.

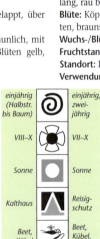

einjährig (Halbstr. bis Baum)	einjährig, zweijährig
VIII–X	VII–X
Sonne	Sonne
Kalthaus	Reisigschutz
Beet, Kübel	Beet, Kübel, Schnitt

Salvia splendens
Feuer-Salbei
Lamiaceae, Lippenblütler

Heimat: Brasilien; subtropisch, tropisch.
Wuchsform: Aufrecht, buschig, Triebe vierkantig.
Blatt: Gegenständig, herzförmig, 4–6 cm lang.
Blüte: Röhrenförmige Lippenblüte, 1–2 cm, scharlachrot, mit gleichfarbigem Kelch, in endständiger Ähre.
Wuchs-/Blütenhöhe: 20/40 cm.
Frucht: Nüsschen.
Standort: Durchlässige Böden.
Verwendung: Beetpflanze, gute Farbwirkung bei großflächiger Pflanzung.
Vermehrung: Aussaat von II–IV. Vorkultur unter Glas, Keimzeit 1–2 Wochen bei 18–24 °C.
Kultur: Pikieren in durchlässiges, kalkhaltiges Substrat, ab V ins Freie pflanzen.
Sorten: 'Fury', 25 cm, früh blühend; 'Feuerzauber', 30 cm, beide rot. Neu sind Farbtöne wie lachs oder dunkellila (Bild: 'Red River').
Hinweise: Auf Schnecken achten.

Sanvitalia procumbens
Husarenknopf, Zwergsonnenblume
Asteraceae, Asterngewächse

Heimat: Guatemala, Mexiko; subtropisch.
Wuchsform: Breit, mattenförmig, auch überhängend. Einjährig.
Blatt: Gegenständig, eilänglich, 3–5 cm lang, grün.
Blüte: Röhrenblüten schwarz, Zungenblüten gelb, in Körbchen, 2–3 cm breit.
Wuchs-/Blütenhöhe: 10/15–25 cm.
Fruchtstand: Körbchen, Achäne.
Standort: Durchlässige Böden.
Verwendung: Für flächige Verwendung, Einfassungen.
Vermehrung: Aussaat unter Glas ab III, ab IV auch direkt ins Freiland. Keimdauer 1–2 Wochen.
Kultur: TKS, Substrat nicht austrocknen lassen.
Sorten: 'Aztekengold', goldgelbe Sternblüten, für Ampeln und Balkonkästen. 'Goldteppich', goldgelb, früh blühend, kompakt; 'Mandarin', orange; 'Plena', gelb gefüllt.
Hinweise: In Balkonkästen an den Rand pflanzen.

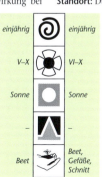

einjährig	einjährig
V–X	VI–X
Sonne	Sonne
–	–
Beet	Beet, Gefäße, Schnitt

Scabiosa atropurpurea
Samt-Skabiose, Purpur-Skabiose, Witwenblume
Dipsacaceae, Kardengewächse

Heimat: Süd-Europa; mediterran.
Wuchsform: Aufrecht, horstbildend. Einjährig.
Blatt: Gegenständig, ungeteilt, 8–10 cm lang, Stängelblätter fiederspaltig, grün.
Blüte: Zygomorph, gefüllt, viele Rottöne, in Köpfchen am Stielende, 5 cm.
Wuchs-/Blütenhöhe: 30/60–90 cm.
Fruchtstand/Frucht: Bis 7 cm große Köpfchen. Nüsschen.
Standort: Durchlässige, humose Böden in voller Sonne.
Verwendung: Schmetterlingspflanze.
Vermehrung: Aussaat im IV unter Glas. Keimdauer 1–2 Wochen bei 18 °C.
Kultur: TKS 1. Sämlinge direkt in Töpfe pikieren, ab V ins Freie pflanzen.
Sorten: 'Grandiflora Plena', Prachtmischung in vielen Farben mit gefüllten Blüten.

Tagetes patula
Niedrige Studentenblume
Asteraceae, Asterngewächse

Heimat: Guatemala, Mexiko; subtropisch, tropisch.
Wuchsform: Aufrecht, buschig. Einjährig.
Blatt: Meist gegenständig, unpaarig gefiedert, gezähnt, 8–10 cm lang, grün.
Blüte: Röhren- und Zungenblüten, in end- und achselständigen Köpfchen, bis 5 cm groß, gelb, orange, braun oder mehrfarbig, einfach oder gefüllt, duftend.
Wuchs-/Blütenhöhe: 20/30 cm.
Fruchtstand: Köpfchen, Achäne.
Standort: Durchlässige, nährstoffreiche Böden, sonnig bis halbschattig.
Vermehrung: Aussaat von II–IV unter Glas.
Kultur: TKS. Nach der Keimung pikieren, später topfen. Starkzehrer.
Sorten: 'Carmen', braunrot; 'Königin Sophia', gelb-braunrot.
Besonderes: Zur Bekämpfung von Nematoden geeignet.
Hinweise: Niedrige *Tagetes* duften intensiver. Vor Blattläusen und Schnecken schützen.

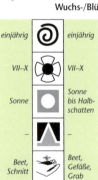

einjährig	einjährig
VII–X	VII–X
Sonne	Sonne bis Halbschatten
–	–
Beet, Schnitt	Beet, Gefäße, Grab

Thunbergia alata
Schwarzäugige Susanne
Acanthaceae, Bärenklaugewächse

Heimat: Tropisches Südostafrika; tropisch.
Wuchsform: Mittelstark wachsender Schlinger.
Blatt: Wechselständig, herzförmig, Rand gekerbt, 5–7 cm lang, glänzend grün.
Blüte: Sternförmig, 5-lappig, 2–4 cm groß, dunkelgelb mit schwarzem Schlund.
Wuchs-/Blütenhöhe: 150–180 cm.
Frucht: Kapsel.
Standort: Durchlässig, humos.
Verwendung: Ampeln und Klettergerüste, als Topfpflanze für sonnige Blumenfenster.
Vermehrung: Aussaat mit Vorkultur unter Glas von II–III. 2–3 Samenkörner je Topf auslegen.
Kultur: Humoser Boden. Bald nach der Keimung (1–2 Wochen) stäben, ab V ins Freie pflanzen.
Sorten: 'Bakeri', rein weiß; 'Orange Wonder', orange; 'Susi Gelb', gelb; bei 150–180 cm hoch.
Hinweise: Auf Blattläuse und Spinnmilben achten.

Tropaeolum majus
Große Kapuzinerkresse
Tropaeolaceae, Kapuzinerkressengewächse

Heimat: Südamerika: Kolumbien, Ecuador, Peru; subtropisch.
Wuchsform: Niederliegend, rankend.
Blatt: Wechselständig, kreisrund, 6–8 cm groß, gestielt, glatt, bläulich grün.
Blüte: Rachenförmig, 5–6 cm groß, orange, in den Blattachseln.
Wuchs-/Blütenhöhe: 200–400 cm.
Frucht: Spaltfrucht.
Standort: Nährstoffreiche Böden.
Verwendung: Beetpflanze, Bodendecker, für Klettergerüste und Ampeln.
Vermehrung: Aussaat IV–V direkt in Töpfe. Ab Mitte V Aussaat direkt an Ort und Stelle.
Kultur: Einheitserde P.
Sorten: 'Whirlybird Mischung', weiß, gelb, orange oder rot, nicht rankend, 25–30 cm; 'Prachtmischung', rankend.
Hinweise: Angeboten werden meist Hybriden von *T. majus*, *T. minus*, *T. peltophorum*.

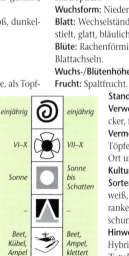

einjährig	einjährig
VI–X	VII–X
Sonne	Sonne bis Schatten
–	–
Beet, Kübel, Ampel	Beet, Ampel, klettert

Verbena bonariensis
Eisenkraut
Verbenaceae, Eisenkrautgewächse

Heimat: Argentinien, Südbrasilien; subtropisch.
Wuchsform: Aufrecht, locker, sparrig verzweigt. Einjährig.
Blatt: Gegenständig, breit lanzettlich, 5–8 cm lang, behaart, Rand gesägt, grün.
Blüte: Zygomorph, 5-teilig, 3 mm, lila, in langstieligen Doldentrauben.
Wuchs-/Blütenhöhe: 30/60–120 cm.
Frucht: Steinfrucht.
Standort: Durchlässige Böden in voller Sonne.
Verwendung: Beet- und Rabattenpflanze, in Gruppen, Schnittpflanze.
Vermehrung: Aussaat I–II unter Glas bei 18–20 °C. Wechseltemperaturen von 18 °C auf 4 °C fördern die Keimung. 5–10 g Saatgut pro 1000 Pflanzen erforderlich.
Kultur: TKS 1. Sämlinge in Töpfe pikieren. Ab V ins Freie pflanzen und nachdüngen.
Hinweise: Anspruchslos.

Verbena-Hybriden
Garten-Verbenen, Eisenkraut
Verbenaceae, Eisenkrautgewächse

Heimat: Züchtung. Die Arten stammen aus Argentinien und Südbrasilien; subtropisch.
Wuchsform: Aufrecht, locker. Einjährig.
Blatt: Gegenständig, breit lanzettlich, 5–8 cm lang, behaart, Rand gesägt, grün.
Blüte: Zygomorph, 5-teilig, 1–2 cm, viele Farbtöne, in Doldentrauben.
Wuchs-/Blütenhöhe: 30/40–50 cm.
Frucht: Steinfrucht.
Standort: Durchlässige Böden.
Verwendung: Rabattenpflanze.
Vermehrung: Aussaat II–III unter Glas bei 18–20 °C. Saatgut vorquellen, dann 2–3 Tage bei 4 °C in den Kühlschrank legen. Wechseltemperaturen von 18 °C auf 4 °C fördern die Keimung.
Kultur: TKS 1. Sämlinge in Töpfe pikieren.
Sorten: 'Amethyst', blau; 'Blaze', rot; 'Kristall', weiß, Teppich-Verbenen 'Tapien'.
Weitere Arten: *V. tenera* 'Kleopatra', rosa.

einjährig	einjährig
VII–X	VII–X
Sonne	Sonne
–	–
Beet, Rabatte, Schnitt	Beet, Rabatte, Schnitt

Viola × wittrockiana
Garten-Stiefmütterchen
Violaceae, Veilchengewächse

Heimat: Züchtung aus *V. cornuta, V. tricolor, V. lutea* und anderen europäischen Arten; gemäßigt.
Wuchsform: Buschig. Zweijährig.
Blatt: Wechselständig, breit oval, 4–5 cm lang.
Blüte: Veilchenähnlich, 5–10 cm groß.
Wuchs-/Blütenhöhe: 10/15–30 cm.
Frucht: Kapsel, 3-klappig.
Standort: Lehmig humose Böden.
Verwendung: Flächige Pflanzung, Grabbepflanzung.
Vermehrung: Aussaat von VI–IX bei 15–18 °C. Keimdauer 2–3 Wochen, Dunkelkeimer.
Kultur: Nährstoffreiche, krankheitsfreie Gartenböden, desinfizieren.
Sorten: 'Alpenglühen', kardinalrot; 'Mönch', gelb; 'Thuner See', blau (Roggli); 'Omega' F1-Hybriden, großblumig, in vielen Farben, 20 cm (Florensis); 'Joker' F2-Hybriden, mehrfarbig. Unzählige Rassen und Sorten.

Zinnia elegans
Zinnie
Asteraceae, Asterngewächse

Heimat: Tropisches Amerika: Mexiko; subtropisch, tropisch.
Wuchsform: Aufrecht, sparrig verzweigt. Einjährig.
Blatt: Gegenständig, eiförmig zugespitzt, 6 cm lang, matt grün, rau.
Blüte: Röhrenblüten gelb, Zungenblüten in vielen Farben, einfach oder gefüllt, Köpfchen 15 cm.
Wuchs-/Blütenhöhe: 35/50–70 cm.
Frucht: Achäne.
Standort: Durchlässige Böden.
Verwendung: Rabattenpflanze.
Vermehrung: Aussaat unter Glas von II–IV bei 20–26 °C, Keimdauer 7–10 Tage.
Kultur: Lehmiger Boden. Sämlinge in Töpfe pikieren.
Sorten: 'Kalifornische Riesen', Farben gelb, orange, rot oder pink, 90 cm. 'Ruffles' F$_1$-Hybriden, in vielen Farben, nur 35 cm hoch, für Topfkultur.
Hinweise: Vor Pilzkrankheiten, Schnecken und Blattläusen schützen.

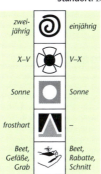

zweijährig	einjährig
X–V	V–X
Sonne	Sonne
frosthart	–
Beet, Gefäße, Grab	Beet, Rabatte, Schnitt

Anhang

Literatur

BÖHMING, Franz: Rat für jeden Gartentag. Verlag Eugen Ulmer, Stuttgart 2003.
BÜRKI, TOMMASINI: Bildatlas Blütenstauden. Für Zier- und Steingärten. Steckbriefe und Tabellen von A–Z, 2. Auflage. Verlag Eugen Ulmer, Stuttgart. 2005.
FISCHER, Ellen: Das Topfgartenbuch. Verlag Eugen Ulmer, Stuttgart 2006.
KIPP, Lorenz von Ehren: Gehölze für den Hausgarten. Die schönsten Arten und Sorten. Verlag Eugen Ulmer, Stuttgart 2005.
LLOYD, Christopher: Traumbeete durchs ganze Jahr. Verlag Eugen Ulmer, Stuttgart 2006.
HABERER, Martin: Ulmers großer Taschenatlas Garten- und Zimmerpflanzen. 1200 Pflanzenporträts für Haus, Garten und Terrasse, Sonderausgabe. Verlag Eugen Ulmer, Stuttgart 2006.
KAWOLLEK, Wolfgang: Das Ulmer Gartenbuch. 2. Auflage. Verlag Eugen Ulmer, Stuttgart 2005.
KLEINOD, Brigitte: Gärten intelligent planen und gestalten. Verlag Eugen Ulmer, Stuttgart 2004.
KÖHLEIN, MENZEL, BÄRTELS: Das große Ulmer Buch der Gartenpflanzen. Stauden, Sommerblumen, Ziergehölze. Verlag Eugen Ulmer, Stuttgart 2000.
MAYER, Joachim: Flora Garten – Das große Gartenlexikon. Blumen & Pflanzen, Techniken, Arbeitsweisen. Verlag Eugen Ulmer, Stuttgart 2006. Verlag Eugen Ulmer, Stuttgart 2005.
OREL, NICKIG: Der neue Blumen- und Staudengarten. Verlag Eugen Ulmer, Stuttgart 2004.
PAHLER, Agnes: Schnell und einfach zum Gartenparadies. Verlag Eugen Ulmer, Stuttgart 2005.
SCHULTHEIS, Heinrich: Rosen. Frische Ideen und bewährte Sorten. Verlag Eugen Ulmer, Stuttgart 2005.
WENDEBOURG, Tjards: Zwiebelpflanzen für den Garten. Verlag Eugen Ulmer, Stuttgart 2004.
WIRTH, Peter: Der große Gartenplaner. Planen, entwerfen, kalkulieren. Verlag Eugen Ulmer, Stuttgart 2005.
WIRTH, Peter: Gärten. Planen, entwerfen, kalkulieren. Verlag Eugen Ulmer, Stuttgart 2001.
WIRTH, Peter: Gartenanlage. Arbeiten mit Erde, Stein, Beton, Holz und Pflanzen. Verlag Eugen Ulmer, Stuttgart 2004.

Bildquellen

BÄRTELS, Andreas; Waake: Seite 20 r, 27 r, 30 r, 32 l, 34 l, 36 r, 44 r, 47 l, 47 l, 52 l, 59 r, 61 r, 65 l, 65 r, 66 l, 67 r, 69 l, 71 r, 75 r
Bildarchiv Botanikfoto; Berlin: Umschlagbild (vorne), Seite 8
Falk Foto & Grafik: Umschlagbild (hinten)
GÖTZ, Hans; Schiltach: Seite 120 l
HABERER, Heidi; Nürtingen-Raidwangen: Seite 3
KÖHLEIN, Fritz; Bindlein: Seite 88 l, 115 l, 116 l, 128 r, 129 r, 131 r, 136 r, 156 l, 160 l, 161 r, 170 r, 176 r
MORELL, Eberhard; Kronberg: Seite 18, 27 l, 33 l, 44 l, 45 r, 46 r, 48 l, 48 r, 53 r, 55 l, 57 r, 58 l, 58 r, 60 l, 64 l, 64 r, 67 r, 69 r, 69 l, 70 r, 73 l, 78 r, 79 r, 165 r, 177 l, 180 l, 183 l
MUER, Thomas; Telgte: Seite 97 r, 149 r
PIRC, Dr. Helmut; A-Wien: Seite 11 r, 12 r, 13 r, 20 l, 28 l, 31 r, 32 r, 33 r, 37 l, 39 l, 42 l, 49 r, 50 l, 51 r, 52 r, 54 l, 54 r, 56 l, 57 l, 59 l, 62 r, 72 l, 73 r, 74 l, 77 r, 78 l, 79 l, 80 l
REDELEIT, Wolfgang: Seite 6/7
REINHARD, Hans; Heiligkreuzsteinach: Seite 68 r
REINHARD, Nils; Heiligkreuzsteinach: Seite 26 l
SCHREMPP, Heinz; Breisach: Seite 182 l
SMIT, Daan; Haarlem, NL: Seite 164 l
Alle übrigen Abbildungen stammen vom Autor.

Register

Im folgenden Register werden nur die gebräuchlichsten deutschen Pflanzennamen aufgelistet. Pflanzen, die im Text nicht ausführlich vorgestellt werden, die aber in einer Pflanzenbeschreibung erwähnt werden, sind mit Sternchen* versehen.

Ahorn, Fächer- 19
– Feuer- 21
– Japanischer 19
– Rostbart- 20
– Rotnerviger 20
– Spitz-Kugel- 20
Akelei, Gewöhnliche 93
Amberbaum, Amerikanischer 51
Amstelraute 146
Anemone, Japanische Herbst- 92
– Strahlen- 91
Apfel, Vielblütiger 55
Aster, Berg- 94
– Kissen- 95
Azalee, Japanische 142

Bartfaden 178
Bechermalve 172
Beetrosen 69
Begonie, Eis- 20
– Knollen- 21
Berberitze, Thunbergs 50
Bergenie 38
Berglorbeer 105
Besenheide 57
– Hänge- 53
– Trauer- 53
– Warzen- 53
– Weiß- 53
Blasenbaum, Rispiger 106
Blaukissen 37
Blauregen, Chinesischer 171
Blausternchen 147
Bodendeckerrosen 68
Bohne, Feuer- 179
Brandkraut 135
Buche, Hänge- 41*
– Rot- 41
Buchsbaum, Gewöhnlicher 26

Chinaschilf 128
Chrysantheme, Garten- 101
Celosie, Federbusch- 160

Deutzie, Raue 39
Dotterblume, Sumpf- 98

Edeldistel, Alpen- 111
Edelrosen 147
Efeu, Gewöhnlicher 45
Ehrenpreis, Großer 150
– Silberpolster- 138
Eibe, Becher- 17
Eibisch, Strauch- 45
Einfassungsbuchs 26 *
Eisenholz 57
Eisenhut, Blauer 89
Eisenkraut 184
Elfenbeinginster 38
– Zwerg- 38 *
Elfenblume, Grossblumige 109
Essigbaum 66

Fackellilie, Garten- 123
Falscher Jasmin 58
Federgras, Flausch- 145
– Reiher- 145
Federbuschstrauch 42
Feinstrahlastern 110
Felsenbirne, Kahle 22
– Kupfer- 23
Fetthenne, Hohe 144
Feuerdorn, Mittelmeer- 64
Fichte, Blau- 14
– Veredelte 14 *
– Igel- 13*
– Kissen- 13 *
– Nest- 13
– Serbische 2
– Stech- 14
– Zuckerhut- 13
Fiederspiere, Sibirische 73

Filigranfarn, Schmaler 137*
Fingerstrauch, Gewöhnlicher 60
Flammenblume, Hohe 136
Flieder, Chinesischer 75
– Gewöhnlicher 76
– Meyers 76
Forsythie 42
Frauenfarn 96
Frauenmantel, Weicher 90
– Zwerg- 90*
Fuchsschwanz 154
– Garten- 154
Funkie 120
– Graublatt- 120
– Schlankblütige 120*

Gänseblümchen 156
– Blaues 157
Garbe, Gold- 88
– Hohe Schaf- 88
– Rote Schaf- 88
Gartenrosen 70
Gartenwinde, Bunte 171
Gazanie 168
Geißblatt, Feuer- 52
– Gold- 53
– Henrys 52
– Immergrünes 52
Gemswurz 107
Ginkgo 10
Ginster, Lydischer 43
Glockenblume, Karpaten- 99
– Knäuel- 99
– Pfirsichblättrige 100
Glockenrebe 161
Glyzine 80
Goldblume 161
Golderdbeere 151
Goldglöckchen 42
Goldlack 166
Goldmohn 167

187

Goldregen, Alpen- 50 *
- Gewöhnlicher 50
Grasnelke 93
Gretel im Busch 177

Hainbuche 28
- Säulen- 28 *
Hartriegel, Blumen- 33
- Tatarischer 33
- Weißer 33
Hasel, Gewöhnliche 35
- Korkenzieher- 35
Hauswurz Garten- 144
Heckenkirsche
- Tataren- 53
Heide, Besen- 27
Heliotrop 170
Herzblume 107
Holunder, Roter 72
- Trauben- 72
Hortensie, Rispen- 46
Hundszunge, China- 164
Husarenknopf 181
Hyazinthe 121

Immergrün, Kleines 150
Indianernessel, Garten- 129

Jasmin, Falscher 58
Jasmin, Winter- 47
Johannisbeere, Blut-67
Johanniskraut, Teppich- 121
Judassilberling 174
Jungfer im Grünen 177
Jungfernrebe, Dreilappige 58
- Gewöhnliche 57

Kaiserkrone 113
Kamille, Färber- 92
Kapkörbchen 165
Kappenmohn, Kalifornischer 167
Kapringelblume 165
Kapuzinerkresse, Große 183
Katsurabaum 29
Katzenminze 131
Kerrie 48
Kiebitzei 113

Kiefer, Berg- 15
- Grannen- 15
- Kriech-, Blaue 16 *
- Krummholz- 15
- Mädchen- 16
- Zwerg-, Ostasiatische 16
Kirsche, Berg- 62
- Blüten-, Japanische 63
- Higan- 63
- Lorbeer- 61
- Trauben-, Gewöhnliche 62
-- Späte 62 *
Kirschlorbeer 61
Kiwi, Weihenstephaner 21 *
Kletterrosen 69
Klettertrompete, Amerikanische 28
Knotenblume, Frühlings- 124
Kolkwitzie 49
Kokardenblume 113
- Kurzlebige 167
Königskerze, Dunkle 149
Kornblume 160
Kornelkirsche 34
Kosmee 36
Krokus, Balkan- 104
- Herbst-Pracht- 104
Kuchenbaum 29
Kugeldistel 109
Kuhschelle 139

Lampenputzergras, Australisches 127
Latsche 15
Lauch, Pyrenäen-Gold- 91
- Sternkugel- 90
Lavendel, Echter 50
Lavendelheide, Japanische 60
- Vielblütige 59
Lebensbaum, Abendländischer 17
Leberbalsam 154
Lein, Roter 173
- Südfranzösischer 125
Leinkraut 173
Levkoje, Garten- 175
Lieschen, Fleißiges 171
Liguster, Gewöhnlicher 51
Lilie, Garten- 125

Lorbeerrose, Breitblättrige 48
Löwenmaul, Garten- 155
- Großes 155
Lungenkraut, Schmalblättriges 139
Lupine, Garten- 126

Mädchenauge, Färber- 162
- Großblütiges 103
Magnolie, Kobushi- 54
- Stern- 54
Maiglöckchen 102
Mandelbäumchen 63
Männertreu 174
Marbel, Schnee- 126
Margerite, Bunte 146
- Sommer- 124
Märzenbecher 124
Maßliebchen 156
Mauerpfeffer, Weißer 143
Mauerraute 94*
Mittagsblume 166
Mittagsgold 168
Mohn, Island- 134
- Türkischer 134
Mondviole 174
Montbretie, Garten- 163
Muschelblume 175

Nachtkerze, Gewöhnliche 177
Narzisse, Alpenveilchen- 130
- Trompeten- 131
Nelke, Bart- 164
- Edel- 165
- Feder- 106
- Garten- 165
- Heide- 106
Nelkenwurz, Garten- 115

Osterglocke 131

Palmlilie 151
Pampasgras 103
Päonie, Strauch- 56
Parrotie 57
Palma Christi 180
Pantoffelblume 157
Perlgras, Wimper- 128
Perückenstrauch 36

Petunie, Garten- 178
Pfaffenhütchen,
  Gewöhnliches 40
Pfeifengras, Rohr- 129
Pfeifenstrauch,
  Gewöhnlicher 58
– Niedriger 59
Pfeifenwinde, Ameri-
  kanische 23
Pfennigkraut 127
Pfingstrose, Bauern- 133
Pflaume, Blut- 61
– Zwerg 61 *
Phlox, Einjähriger 179
– Sommer- 179
Platterbse, Duftende 172
Prachtspiere 95, 160
Primel, Kissen- 138
– Kugel- 137
Purpurglöckchen 119

Radspiere, Chinesische 41
Rainweide 51
Ranunkelstrauch 48
Rasselblume 159
Rebe, Rostrote 79
Rebhuhnbeere 43
Rhododendron, Catawba- 64
– Yakushima- 65
– Zwerg- 65
Ringelblume, Garten- 158
Rittersporn, Garten- 105
Rizinus 180
Rohrkolben, Kleiner 149
Rose
– Essig- 67
– Gallische 67
– Kartoffel- 71
– Vielblütige 70
Rosen 68, 69
Rosskastanie, Fleischfarbene 22
– Scharlach- 22 *
Rutenhirse 133

Salal 43 *
Salbei, Feuer- 181
– Steppen-141
Salomonssiegel 136
Schachblume 113

Schaublatt, Kastanien-
  blättriges 140
Schaumblüte 147
Scheinbeere, Niederliegende 43
Scheinquitte, Chinesische 30
– Japanische 30
Scheinzypresse, Lawsons 9
– Nutka- 10
Schlafmützchen 167
Schleierkraut, Sommer- 168
– Teppich- 116
Schleifenblume 122
– Doldige 170
Schmetterlingstrauch 26
Schildfarn, Weicher 137
Schmuckkörbchen 36
Schneeball, Burkwoods 78
– Duftender 78
– Japanischer 79
– Prager 78 *
– Wintergrüner 78
Schneebeere, Gewöhnliche 75
Schneeglöckchen 114
Schönfrucht 27
Schwarzäugige Susanne 183
Schwertlilie, Hohe 122
– Niedere 123
Schwingel, Blau- 112
Seerose 132
Segge, Morgenstern- 100
Seidelbast, Rosmarin- 38
Silberaprikose 10
Silberblatt, Einjähriges 174
Silberkerze, September- 102
Skabiose, Garten- 142
– Purpur- 182
– Samt- 182
Skimmie, Japanische 72
Sommeraster 158
Sommerflieder 25
– Schmalblättriger 25
Sommerrittersporn 162
Sonnenblume, Gewöhnliche 169
– Stauden- 117
– Weidenblättrige 118
Sonnenbraut 116

Sonnenhut, Rauer 180
– Fallschirm- 141
– Prächtiger 140
– Roter 108
Sonnenröschen 117
Sonnenwende 170
Spierstrauch, Belgischer 74
– Braut- 73
– Japanischer 74
Spindelstrauch, Flügel- 40
Spornblume 101
Stechpalme, Gewöhnliche 46
– Japanische 47
Steinbrech, Moos- 142
Steinfeder, Gesägte 94*
Steinrose 144
Steppenkerze, Shelford´s 110
Strahlengriffel, Scharf-
  zähniger 21
Strauchrosen 70
Stiefmütterchen, Garten- 185
Stockrose, Chinesische 89
– Feigenblättrige 89*
Storchschnabel, Balkan- 114
– Pracht- 115
Streifenfarn, Braunstieliger 94
Strohblume, Garten- 169
Studentenblume, Niedrige 182
Sumach, Kolben- 66

Tabak, Zier- 176
Taglilie, Garten- 119
Tausendschön 156
Tamariske, Kleinblütige 77
Tanne, Korea- 9
Teehybriden 68
Thymian, Woll- 147
Tränendes Herz 107
Traubenhyazinthe,
  Armenische 130
Trichterwinde, Purpur- 171
Trompetenbaum,
  Gewöhnlicher 29

Trollblume 148
Tulpe, Garten- 148

Ulme, Holländische- 77

Verbene Garten- 184
Vergissmeinnicht, Sommer- 164
– Wald- 176

Wacholder, Chinesischer 11
– Gewöhnlicher 11
– Irischer Säulen- 11 *
– Kriech- 12
– Zwerg- 11 *
Waldrebe, Alpen- 31
– Großblumige 32
– Italienische 32
Weide, Korkenzieher- 71
Weiderich, Blut- 127
Weigelie, Liebliche 80

Weißbuche 28
Wicke, Duft- 172
Wildkirsche, Ostasiatische 62
Witwenblume 182
Wolfsmilch, Walzen- 111
Wucherblume, Kronen- 161
Wunderbaum 180
Wurmfarn 108
– Krauser 108*

Ysander 132

Zaubernuss 96
– Chinesische 97
Zierapfel 56
Zinnie 185
Zittergras, Herz- 97
– Mittleres 97
Zwergginster, Purpur- 31

Zwerglebensbaum 12
Zwergmispel, Fächer- 37
– Sparrige 37
– Teppich- 36
Zwergsonnenblume 181
Zwergzuckerhut 13*

Lebensbereiche
Alpinum 86
Beet 82
Freifläche 84
Gehölz 83
Gehölzrand 83
Heide 84
Mauerkronen 85
Steinanlagen 85
Steinfugen 86
Steppenheide 84
Wasser 87
Wasserrand 87